遇见未来的自己

主编 何家璧 刘芳赟

浙江工商大学 出版社
ZHEJIANG GONGSHANG UNIVERSITY PRESS
·杭州·

图书在版编目（CIP）数据

遇见未来的自己 / 何家璧，刘芳赟主编 . — 杭州：
浙江工商大学出版社，2023.12
ISBN 978-7-5178-5566-8

Ⅰ.①遇… Ⅱ.①何… ②刘… Ⅲ.①职业选择 – 青
少年读物 Ⅳ.① C913.2-49

中国版本图书馆 CIP 数据核字（2023）第 130043 号

遇见未来的自己

YUJIAN WEILAI DE ZIJI

何家璧　刘芳赟 主编

出 品 人	郑英龙
责任编辑	王黎明
责任校对	沈黎鹏
封面设计	冰橘工作室
责任印制	包建辉
出版发行	浙江工商大学出版社
	（杭州市教工路 198 号　邮政编码 310012）
	（E-mail：zjgsupress@163.com）
	（网址：http://www.zjgsupress.com）
	电话：0571-88904980，88831806（传真）
排　　版	杭州彩地电脑图文有限公司
印　　刷	浙江海虹彩色印务有限公司
开　　本	710 mm × 1000 mm　1/16
印　　张	18.75
字　　数	240 千
版 印 次	2023 年 12 月第 1 版　2023 年 12 月第 1 次印刷
书　　号	ISBN 978-7-5178-5566-8
定　　价	77.00 元

 **序**

在职业体验中遇见最好的自己

一个偶然的机会，接到一个特别的任务。杭州市文海教育集团副总校长刘芳赟带着集团学校的教师和学生一直在做"新职业体验教育项目"，他们从最近几年人力资源和社会保障部等三部门发布的新职业入手，带领学生们走进工作场所开展职业调查，近距离地观察新职业从业人员工作的过程，了解他们工作的内容，体会他们工作的场景。在此基础上，老师们还启发孩子的想象，让他们自己去观察身边的人和事，去发现这些劳动者创造的事物给我们生活带来的便利，去畅想20年后自己的工作角色。最近，刘校长又组织教师和学生将他们的观察体会收集起来，准备结集出版。他们拐了很多弯，了解到我一直在做职业分类，希望我能借此机会给孩子们的体验活动说点什么。

孩子们的事情是大事啊！我虽然不太懂中小学教育，但直觉告诉我，这是一个对孩子们成长有帮助的好项目，有创意。所以，我便愉快地接受了这个特别的任务。

记得小时候我的老师也会让我们写《我的理想》之类的作文，但那个时候我们见过的职业场景极其有限，自然想不出太多特别的工作。高中毕业报大学志愿时，脑袋里对未来的工作也基本上没有什么概念。后来，电视渐渐普及起来，我们从各种节目中接触到越来越多的工作者形象。到了大学，才知道原来世界上还有这么丰富的角色分工。因为工作，我长期从

事职业分类和职业标准的编制工作，几乎每天都要与从事不同行业的人打交道，他们的工作内容、工作方式千差万别，才了解其实在这个世界上我们可以有更多的选择机会，来成就自己曾经的梦想。

"在你的日常生活中，哪些你看到的或者你用过的东西，或者你参与过的事情，可能与'机器人工程技术人员'的工作有关系？在你的想象中，他们应该会做什么？""如果 20 年后你成为一名机器人工程技术人员，你会为这个世界做什么呢？"如果你是一个小学三年级的学生，如果你没有机会去接触机器人工程技术人员的工作情景，恐怕你无论如何都难以理解他们的工作，更没有办法回答这样的问题。

我们正身处一个百年未遇的巨变时代。我们已经经历了第一个百年奋斗目标的实现过程，其中就包含着我们自己和我们的先辈在各种平凡的工作岗位上所倾注的汗水和心血。第二个百年奋斗目标的蓝图已经绘就，如果我们想象一下 2049 年时一位博士毕业小有成就的机器人工程技术人员的工作场景，你就会发现，他现在正坐在文海学校的某一张课桌前，与伙伴们讨论着机器人工程技术人员到底在做什么。或许，那时的他还会告诉你，正是这场讨论让他开始从机器人的视角理解这个世界。

职业体验是个很好的窗口，让孩子们有机会去观察和理解这个真实世界的运作方式。或许，一颗兴趣的种子从此种在了他的心中，成为他的梦想。新职业总是面向未来的，今天新产生的职业大多受数字技术等新兴技术的影响。其实，孩子们对数字技术的接受程度远远超过成人，他们能从这些新技术中敏锐地感知未来世界的变化。或许，不经意间，孩子们已经在自己的脑海里开始拼接未来的图景。

　　丰富的职业世界能够给予孩子们更多更好的体验，帮助他们理解劳动的价值，发现自己的兴趣，树立人生的目标。我觉得，文海学校的职业体验项目可以给孩子们的未来打开一扇真实而多彩的窗户，在那里，他们可以遇见最好的自己。

陈李翔

中国职业技术教育学会副会长

人社部中国就业培训技术指导中心原党委书记

2023 年 3 月 1 日于北京

遇见未来的自己

前言

中国有句古话叫"三百六十行，行行出状元"。随着我国经济社会的飞速发展，城镇化的大力推进，人们生活方式不断改变，社会分工越来越细，中国职业更替的周期正在不断缩短，中国的行业已远远超出了"三百六十行"的范畴。

2015年7月，人力资源和社会保障部会同国家市场监督管理总局、国家统计局联合修订颁布了《中华人民共和国职业分类大典（2015年版）》，其中列出细类（职业）1481个，并且首次将具有环保、低碳、循环特征的127个职业标识为绿色职业，如增材制造工程技术人员、农业数字化技术员、碳汇计算评估师等。2022年9月再次对部分职业进行调整归类、修改名称、修改定义、修改主要工作任务，颁布了《中华人民共和国职业分类大典（2022年版）》，其中列出细类（职业）1639个，同时又新标识了97个数字职业，如人工智能工程技术人员、大数据工程技术人员、集成电路工程技术人员等。

为了促进人们就业、鼓励人们创业，我国从2004年8月首次发布新职业至2009年11月，累计发布了12批次122个新职业。2010年至2018年没有发布新职业。2019年4月至2022年9月又发布了5批次74个新职业。许多民生服务类新职业，如网约配送员、互联网营销师、在线学生服务师等是我们比较熟悉的，但如物联网工程技术人员、云计算工程技术人员等数字职业、绿色职业我们不太熟悉，似乎离我们很远，其实就在我们身边。中小学生应该怎么去认识这些新职业，这对中小学生的成长又有什

么意义？杭州市文海教育集团进行了近 20 年的探索与思考。

杭州市文海教育集团现由杭州市钱塘区文清小学、杭州市文海小学、杭州市文海中学、杭州市文海第二实验学校、杭州市文海启源中学、杭州市文海凌云小学等 6 所学校组成。文海教育集团自 2004 年起，就坚持体制创新和理论创新，充分利用钱塘区高科技企业和大学城的优势，开展"走进社区、走进企业、走进高校"学生社会实践活动，以科技促进创新，充分利用九年一贯制的优势统筹规划，尝试课堂教学、社会实践、课程设置等改革与创新。

近年来，国家级、省级等高新技术企业、科技型中小企业、研发中心、研究院等纷纷入驻钱塘区，商贸流通、文创旅游、检验检测、软件信息、现代物流、新材料、航空航天、智能汽车及智能装备、生命健康、半导体产业等领域的新职业在学校周边不断涌现，加上学校周边的浙江工商大学、浙江财经大学等 14 所高校的助力，学生开展新职业体验教育实践活动，有了人才与基地的保障。

笔者认为，为党育人，为国育才，为未来工作而教，是学生适应社会发展和终身发展转型升级的学习变革的必然选择。普通中小学应以新职业教育为导向，推进未来生涯教育。虽然每一个人的未来有很大不确定性，但对于中小学生，他们需要及早地"规划"与"发展"自己，努力"发掘兴趣""培养技能""寻找真我价值""持之以恒地学习与成长，从学习、经验中打造自己核心的职场胜任力""明晰自己想要的生活模式、创造自己想要的人生"，生活就会慢慢往你想要的方向发展。当我们以好奇、热忱、开放、自信的态度去对待学习、对待体验时，我们想要的未来工作世界自然会提前"遇见"。

为了实现"遇见未来的自己"，学校开展了一人一职、一人一案、一人一导的差异化、个性化、生成化的学生新职业体验教育研究。按照"三步十二环"（三步即"我的体验我设计、我的设计我行动、我的行动我应用"，十二环即"选职业、定目标、做方案、进现场、拜师傅、学操作、学合作、解疑惑、展成果、叙反思、做评定、话应用"）的范式进行实践，特别关注"文献研究初识新职业、人物访谈体验新职业、跟岗见习理解新职业、交流探究深悟新职业、创作诗画筑梦新职业"等"探历式学习"做法，达成中小学九年学习中每人至少知晓 60 个新职业、了解 12 个新职业状况、选择 3 个倾向性新职业进行跟踪的目标。

杭州市文海教育集团各校区在开展新职业体验活动成果收集时积极主动，最后经过编委们商讨审定，精选了 6 个校区的 24 个新职业。按"制造强国、数字中国、创新管治、农林经济、民生兴业"5 类编排，每类每一种职业从"职业定义与主要工作任务、职业畅想、身边探究、未来的我、职场访谈、体验分享、指导教师说"7 个方面进行描述，具体内容由学生、职场导师、学校老师共同参与完成。

"职业定义与主要工作任务"，主要通过学生研读《中华人民共和国职业分类大典（2022 年版）》等资料获取；"职业畅想"，展示的是学生根据新职业理解而创作的想象画与童谣；"身边探究"，是参与体验的学生分享对新职业的认知与理解；"未来的我"，是学生想象自己长大后，如果成为新职业的一员能为世界带来什么；"职场访谈"，是学生进入企业或实验室等体验场馆向专家请教解惑；"体验分享"，是通过见习、实习、岗位锻炼后学生的感受；"指导教师说"，是学校老师对学生体验后的引导与期待。

编写此书，旨在对学生新职业体验成果进行梳理总结，帮助更多孩子去了解新职业，助力孩子步入新时代多一种选择，同时为各中小学开展新职业体验教育提供实践样本。

我们知道，学生在新职业体验过程中虽然查阅了大量书籍，走访了许多企业、高校专家、职业导师，但新职业是动态的，学生的认知也是渐进的，加之编写人员的水平有限，在编写过程中难免存在认识不全面、理解不深刻、表述不规范等问题。恳请广大读者在阅读使用过程中不吝批评指正，使后续的研究更有意义、资料的收集更完善。

编者

2023 年 3 月 1 日

目录 ●●●●●

第1章

制造强国

——做大做强国家经济新命脉

制造业是国家经济命脉所系，是立国之本、兴国之器、强国之基。历史与实践表明，没有强大的制造业，就没有强盛的国家和民族。制造强国的三个标志：先进技术、强大的工业规模链基础、充足的能源。

要让国家真正强大起来，就必须打牢大国制造的坚实基础，激发科技创新的强劲动力。国家强调，未来将促进新一代信息通信技术、高档数控机床和机器人、航空航天装备、海洋工程装备及高技术船舶、先进轨道交通装备、节能与新能源汽车、电力装备、农机装备、新材料、生物医药及高性能医疗器械等重点领域发展壮大，撑起制造强国中国梦。

ONE 1 智能制造工程技术人员

职业编码：2-02-38-05

职业定义

从事智能制造相关技术的研究、开发，对智能制造装备、生产线进行设计、安装、调试、管控和应用的工程技术人员。

主要工作任务

1. 分析、研究、开发智能制造相关技术；

2. 研究、设计、开发智能制造装备、生产线；

3. 研究、开发、应用智能制造虚拟仿真技术；

4. 设计、操作、应用智能检测系统；

5. 设计、开发、应用智能生产管控系统；

6. 安装、调试、部署智能制造装备、生产线；

7. 操作、应用工业软件进行数字化设计与制造；

8. 指导应用智能制造装备和生产线进行智能加工；

9. 提供智能制造相关技术咨询和技术服务。

来源：《中华人民共和国职业分类大典（2022年版）》

职业畅想

机器合奏的指挥官

一位名人曾说：
"人工智能
是我们人类正在从事的
最为深刻的研究方向之一
甚至比火与电还要深刻"

在第三次工业革命的季春

在第四次工业革命的前奏

有一群新职业者

他们有着奇妙的"魔法"

在电脑中输入代码

金属和电气便听从他们的指挥

一个个冷冰冰的机器突然变得热心

一件件人类无法亲自完成的任务得以完成

智能制造工程技术人员是他们的统称

他们手下的机器自动干活

智慧水务，使居民用水稳定、洁净

可控冲击波，让油气井显著增产

仪表控制系统，保障社区、工厂、学校的安全

工业数智转型的大时代已经来到

科技的光辉正在城市上方闪耀

机器将是人类最忠诚的伙伴

大数据会是人类最得力的助手

请问未来将是什么模样

让我们一起携手去"智造"

作者：徐子钰　张一诺　　　　　　　班级：802班

学校：杭州市文海中学　　　　　　　指导老师：李玉兰

身边探究

在你的日常生活中，哪些你看到的或者用过的东西，或者你参与的事情，可能与智能制造工程技术人员的工作有关系？在你的想象中，他们应该会做什么？

分享者朱博艺：平时，药店里的药、新型可降解的塑料、新能源、生物医药等都与智能制造工程技术人员的工作有关，他们保障、改善人们的生活。在家里，我用过的电器等，以及出门乘坐的汽车也与其工作有关，他们会对产品不断更新迭代，提升性能并加以创造。之前的"五水共治"实践活动也与他们的工作有关，他们会采用更先进、更有效、更便捷的方式来治理污水。

分享者邹可慕：在我的生活中，我们所用的各种电子设备与智能制造工程技术人员工作有关。他们不仅会负责各部分的零件设计、工程制作方法的设计，还能制作内部的软件，让一件物品的功能更加完善，为人们的生活带来益处。在生活中使用的各种家用电器，也与他们的工作有关，他们设计合理的电路，让电器达到预期的功能。我们的生活越来越智能、方便，这都离不开他们的努力。他们的工作有可能需要编写代码，我父亲就是从事相关工作的，他们公司有人脸识别系统，还有关于手机摄像的软件。他们的工作非常辛苦，非常费脑力，平时也在不断学习，读各种专业书。

分享者刘思彤：我在写完作业之后经常看电视，家里也有天猫精灵，它会叫醒我起床，我觉得这些都是智能化的体现。在我的想象中，智能制造工程技术人员应该会在电脑上编写程序，然后给产品建模，调试生产的产品。

未来的我

如果 15 年后你成为一名智能制造工程技术人员，你会为这个世界做什么呢？

分享者陈奕霖：如今，人们越来越关注生态环境，今后会更加重视。如何在保护环境的同时，让我们的城市能够可持续发展，这将会变成一大难题。如果我能有幸从事与智能制造相关的工作，我希望能研发更生态化的交通工具、建造更贴近自然的建筑等，比如清洁无污染的氢电能源混动汽车、适应自然的被动式建筑、合理高效的垃圾处理回收装置等等，通过不断推动科技进步来实现环境与发展的两全。

分享者李欣怡：如果以后我成为一名智能制造工程技术人员，我会用我的智慧为这个世界做出贡献。首先，我会积极研发各类节能设备，包括智能节水、控水设备等，使缺水、资源匮乏、不可再生能源（煤炭、石油等）枯竭等困扰世界的问题得到较为有效的解决。其次，我会努力研发智能设备，并将其应用于各种领域，使许多高危工作由人工智能设置来完成，保障工作人员的人身安全。智能设备的投入使用会使各领域效率大大提升；用在生活中，也会使生活更智能、便捷，减少我们的后顾之忧。其实，智能制造设备可以广泛用于各个领域，小到居家设施，大到工厂生产线的控制，很多地方都有着智能制造的身影，对我们的生产生活乃至社会发展起到了极大的促进作用。

分享者张一诺：在假期的新职业体验活动中，我们参观了智能生产地，采访了从事智能制造工作的技术人员。新技术看似离我们很遥远，实际上却经常在我们的生活中出现。我们正处于第四次工业革命中，我深刻地意识到科技给我们的生活带来不少便利。如果我以后从事智能制造工作，我会从小事入手，观察生活中的不方便之处，听取他人提议。争取为

人民生活多考虑，勇敢接下工业革命的接力棒，为国家智能科技的发展多做贡献。

 ## 职场访谈

> **职业体验者：** 杭州市文海中学 802 班　陈彦冰、徐子钰、陈奕霖、李欣怡、
> 张一诺、张博熙
> **职业体验导师：** 浙江正泰中自控制工程有限公司自动化研究院院长　陈军松
> 浙江正泰中自控制工程有限公司研发中心技术总监　陆利军
> 浙江正泰中自控制工程有限公司科技管理部经理　何肖平
> 浙江正泰中自控制工程有限公司高级软件开发师　韩玮智
> **访谈地点：** 浙江正泰中自控制工程有限公司

　　徐子钰： 陈老师好，请问什么是智能制造，您能举例说明吗？

　　陈军松： 好的，我举个例子。我们现在开车烧的汽油，它其实是从石油中提炼出来的。将石油提炼成汽油，要经过减压、蒸馏、分化等环节，里面有很多的物理反应、化学反应，但都是在温度很高、压力很大的生产线上完成的。因为用人工操作是非常危险的，所以要用自动化控制系统来完成它的整个过程。控制系统就是把现场的信号全部采集上来，经过计算机这个大脑运算之后，再把最精确的指令发送到现场，控制现场的设备，让它在最优的状态下运行。

　　李欣怡： 陆老师好，您在公司里承担着怎样的责任和义务？

　　陆利军： 我是研发中心的技术总监，分管两个部门——硬件研发一部

和二部。公司控制系统的硬件开发，基本上是在我们这里完成的。公司内部其实是有好几套系统，我们有面向水处理、化工处理的小型的 PCS1800 分布式控制系统，面向流程行业的 CTS900 大型分布式控制系统，面向可燃有毒有害气体监测的 TAS1900 控制系统。目前为止我们已经开发了 5 套系统，分别应用于不同的行业、不同的领域。

自动化控制系统安装（浙江正泰中自公司 / 提供）

陈彦冰： 陆老师，您每天的工作内容大概是什么样的？

陆利军： 早上 8:30 到下午 5:30，一般是我们的工作时间，如果当天工作比较繁忙，晚上会稍微加一会儿班。工作内容的话，我这边主要是负责我们的集散控制系统（DCS），以硬件开发为主，我们一般每周会组织一个项目组召开例会，做一些内部的沟通交流。另外在管理方面，每天对一些工作做一些分解，因为不同的开发人员工作年限不一样，有些工作年限比较长的开发人员可能会负责一些技术的攻关工作。工作年限稍微短一点的开发人员，可能更多的是以辅助工作为主，他们配合一些老工程师做一些辅助类的开发工作，他们在这个过程中也会得到一些成长。

陈奕霖： 何老师好，在制订大大小小的各种目标时，怎样去设计一个合理的、能够把团队的效率发挥到最高的目标，并且是有效目标？

何肖平： 这个其实是一个比较复杂的问题。第一个环节是确认需求，

控制系统成套车间（浙江正泰中自公司／提供）

一定要有一个签字或纸面确定的过程。因为如果一直变动的话，任务也好，人员也好，是很难办的，这是一个很重要的环节。第二个环节就是我们把需求里面的事情拆分开来，拆分成每个设计，然后设计完之后，代码也开发完了，后面还有测试的内容，用单元测试去对应这个代码。在这个过程中，这个任务能不能执行到位很关键，其实小组的负责人是很重要的。任务的确认或者责任心，其实对整个项目能不能顺利进行起着关键性的作用。

张一诺：韩老师好，您平时工作时的创意和灵感都是怎么产生的？

韩玮智：一般我们在产品开发之前有一个需求调研。其实在我们的开发中有一个微模型，微模型的第一步就是了解客户需求，去跟客户沟通，

图3　访谈瞬间（802班张博熙/摄）

弄清楚他有什么需求。有时可能在市场上已经有这种产品了，我们感觉这个市场我们也可以去做，我们也有这个实力去做。还有调研之后，市场上可能存在新的需求，我们会把新功能加到我们的产品里面去，让我们的产品面向市场的时候更先进一些，这是来自原发性的一种创新。

　　张博熙：谢谢各位老师！我以后也要努力当一名智能制造工程师。

 **体验分享**

认识智能制造工程技术人员

看新闻时我们常常听到"杭州市政府支持城东智造大走廊高质量发展，支持钱塘区打造产业新城"，但究竟什么是智能制造，什么是新产业呢？我们在陈军松老师的带领下，来到位于钱塘区的正泰中自科技园，进行参观和采访。

首先，陈老师为我们科普了四次工业革命的相关知识，前三次工业革命极大地推动了近代社会的经济发展和政治变革，那第四次工业革命又将带给我们什么？陈老师说："现在进入了21世纪，技术要进一步发展。从工业发展的过程来看，它正处在第四次工业革命中，而目前我们正在面对的是第四次工业革命的前期，这次革命将会发生哪些变化呢？它要让生产过程中消耗的能源变得更少，生产的过程将是绿色环保的，又是绝对安全稳定的，对社会资源的消耗是最小的，但是它的产出又是最大的。"

接着，我们来到四楼展厅，陈老师为我们介绍公司的发展历史，还有他们的产品和技术，小至我们家中用的电线、水表，大至污水处理厂、化工厂的控制系统。这些高科技产品令我们大开眼界、叹为观止，我们对新技术产生了极大的兴趣。

最后，我们还采访了陈老师的几位同事。通过采访，我们认识到，从前各行各业用"农""工""商"等字即可区分概括，分界线很明显；现在却不同了，分工越来越细，每个"细枝末节"都有人精通，工种也越来越多。我们了解的这项新职业——智能制造工程技术人员，主要研究智能产品的设计制造，智能装备的故障诊断、维护维修，智能工厂的系统运行、管理及系统集成，等等。智能制造工程技术人员是能够胜任智能制造系统分析、设计、集成、运营的学科知识交叉融合型工程技术人才和复合型、应用型工程技术人才。

现代人将"文"和"理"、"体"和"艺"融于一个行业。小时候大人经常问我"长大想干什么",而我总是东想想西想想：想当艺术家吧，放不下科学的爱好；想当科学家吧，那艺术方面的才华岂不浪费了？如今这个困惑早已烟消云散，相信在未来每个人都可以在自己擅长的方面有所建树。世上哪有笨小孩，只有放错位置的天才！

（陈彦冰、徐子钰、陈奕霖、李欣怡、张一诺、张博熙／文　指导教师／李玉兰）

指导教师说

在新一轮科技革命和产业变革中，智能制造成为世界各国抢占发展机遇的主攻方向。尽管我国在制造业领域已取得长足发展，但与发达国家相比，在高端芯片、电子制造等高端技术领域自给率不高，制造业智能化所需的软硬件开发与服务方面的人才缺失。由此，智能制造工程技术人员应运而生，承担着推动中国高端制造业发展、创造全新制造模式的重要使命，他们将助力中国站上全球制造业竞争的战略制高点。

智能制造属于传统制造与信息技术的交叉领域，主要应用在机械与自动化、国防与交通运输设备制造、新材料制造、医药化工、能源与电力、水务及环保这六大行业。根据就业岗位的职责，它可分为技术应用类和技术开发类，是贯穿智能制造企业从产品开发、应用调试到售后维护整个过程的重要角色。据统计，中国有 450 万家制造业企业，这些企业在未来 10年或 20 年，至少有 20% 的企业要转型成自动化、智能化生产。

这次，走进公司，与新职业者们面对面交流，对同学们来说，是弥足珍贵的经历，很多同学在这之前从未了解过这类职业，参观时东看看西看看，常常驻足在一件产品前久久不愿离去，问了专家们很多问题。同学们在与专家的交流中，不仅开阔了眼界，感受到了科技的魅力，还从别人的经历中领悟了"有志者事竟成"这一哲理。同学们感慨："从前，书本是我们的世界；现在，世界是我们的书本。"

未来，随着国家有计划地对传统企业进行数控化、信息化和智能化改造，高端数控机床、工业机器人、增材制造设备等智能制造装备将会普及应用，为此，需要大量操作、调试、维护、维修和改造方面的专业人才，也需要大量产品设计、研发、应用等智能制造领域的高端人才。智能制造工程技术人员需要具备数学算法、控制工程、电子技术、物联网、计算机、人工智能等方面的知识，需要通过项目实践增强系统工程调试运行技能，以及采用科学方法解决复杂问题的技能。小朋友们，加油，广阔的未来等着你们去开创！

TWO 2 增材制造工程技术人员

职业编码：2-02-38-11

职业定义

　　从事增材制造技术、装备、产品研发、设计并指导应用的工程技术人员。

主要工作任务

　　1.运用数字化逐层堆积原理，研究开发增材制造技术与方法；

　　2.运用增材制造的复杂结构制造能力，设计产品结构；

　　3.研发增材制造专用成型头、检测与监控核心功能部件等；

　　4.设计、集成增材制造装备，进行可靠性测试；

　　5.研发增材制造分层切片、路径优化、工艺仿真和过程控制等工艺软件；

　　6.研发产品的增材制造工艺，指导产品生产制造；

　　7.检测、评估增材制造产品质量；

　　8.制订增材制造材料、装备、工艺、应用标准和规范。

来源：《中华人民共和国职业分类大典（2022年版）》

职业畅想

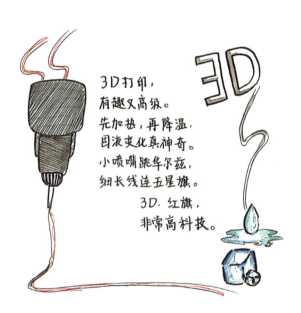

3D打印，
有趣又高级。
先加热，再降温，
固液变化真神奇。
小喷嘴跳华尔兹，
细长线连五星旗。
3D. 红旗，
非常高科技。

作者：冯雨欣、朱洛熹、李半田、韩洪毅　　班级：814班

学校：杭州市文海中学　　　　　　　　　　指导老师：董翠香

从前
我们看见
鸟儿飞翔在蓝天　赵州桥矗立在岸间
妈妈说
小鸟骨头又轻又硬
好像小小工艺品

作者：乐子熠、吴科涵、孔锐羽　　　　班级：814班

学校：杭州市文海中学　　　　　　　　指导老师：董翠香

身边探究

在你的日常生活中，哪些你看到的或者你用过的东西，或者你参与的事情，可能与增材制造工程技术人员的工作有关系？在你的想象中，他们应该会做什么？

分享者吴科涵： 在我的想象中，工程技术人员会先在电脑上将自己要制作的产品绘制成立体模型，再通过某种特殊的程序，将其输到打印机中，打印机便按照绘制的图纸，开始慢慢打印。一台精巧的 3D 打印机，承载着工程技术人员的心血，它将设计师们心中所想打印出来，而打印出的产品一个个巧夺天工，令人赞叹。

分享者韩洪毅： 我记得在一次展览会上参观时，看到了增材制造的相关展区，里面的作品看起来非常精美，打印出来的产品多种多样，有无人机、自行车、摩托车，也有花瓶、小玩偶等。我感觉 3D 打印已经走进了我们的日常生活中。我还了解到增材制造这项技术较传统技术有更加节省材料等特点，我想，增材制造工程技术人员就是打印出这些产品的人吧。

 未来的我

如果 20 年后你成为一名增材制造工程技术人员，你会为这个世界做什么呢？

分享者韩洪毅： 如果 20 年后，我如愿成为一名增材制造工程技术人员，我会使用 3D 打印机，给孩子们打印他们想要的、美丽的事物。我会继续改造这台 3D 打印机，让其变得更加智能化、大众化。

分享者吴科涵：我会把我的全部才智发挥出来，把增材制造技术应用于我国航天航空领域，使我们的飞机性能达到世界一流水平，其他国家争相到我国购买。

分享者孔锐羽：随着我们对 3D 打印技术的不断深入了解，渐渐地，我对增材制造技术产生了浓厚的兴趣。20 年以后，我成功地进入了这个职业。随着我国科技的飞速发展，科学技术突飞猛进，3D 打印技术也在不断进步。我参与的行业重点使用新型增材技术制造大型机械。在我们不断研究下，能够做到利用 3D 打印技术进行大飞机全部零部件的打印。我们通过 3D 打印技术建立模型，输入 3D 打印机，利用 3D 打印技术打印出飞机的各个零部件以及外形，然后进行组装，省时省力。在不断开发下，用 3D 打印技术制造出的大型机械越来越实用，渐渐走出国门、走向世界，与世界共享这份便利。

职场访谈

职业体验者：杭州市文海中学 814 班　吴科涵、冯雨欣、韩洪毅、孔锐羽、朱洛熹、李半田、乐子熠
职业体验导师：增材制造技术实验室　吴欣
访谈地点：增材制造技术实验室

韩洪毅：吴老师好，您能为我们解释一下"增材制造"具体的含义吗？

吴欣：增材制造也就是我们将要体验的 3D 打印。总的来说，它是一

种立体的打印方式。增材，指的就是材料的增加，可以理解为通过一层层叠加东西来完成产品。

吴科涵：3D 打印中有没有比较重要的步骤？

吴欣：先是建立模型，再对已有模型进行拓扑优化。拓扑优化就是指在达到一定的要求（如每平方米承载多少力）后，在模型中削去不必要的材料，使打印出来的物体更轻便，在节省材料的同时获得良好的性能。

冯雨欣：您认为增材制造可以用在什么领域？

吴欣：增材制造可应用的领域很广。仅就交通工具而言，如自行车、摩托车的框架都可以运用增材制造技术。交通工具的制造成本很高，为了降低成本，减轻其重量，可以采用增材制造。生活中的艺术品也可以通过这一技术来实现，并使其更为精妙。工业领域可以运用这一技术，某些工具也可以利用 3D 打印出来。

朱洛熹：您认为增材制造有什么需要改进之处？

吴欣：可以从缩短时间入手改进，因为如今的 3D 打印耗时较长，普通的一台设备打印一件小物品就要 10 多个小时。另外，可以缩小机身体积，目前设备体积普遍较大，将来有望向小型化方向发展。

李半田：有人认为 3D 打印是成功的，有人认为 3D 打印是失败的，您赞同哪个观点？

吴欣：我认为两者兼而有之，但它产生的积极影响肯定更多。3D 打印作为一种新兴技术，它具有很多旧技术所没有的优点。例如它通过层层打印，可以完成许多旧工艺技术无法完成的精密产品，但是它耗时也很长。

朱洛熹：您能为我们大致讲讲 3D 打印的发展过程吗？

吴欣：20 世纪末，第一台 3D 商业印刷机被研发出来。随后人们在这个基础上研发出了高清彩色打印机。于是人们开始尝试在各个领域利用 3D

打印，例如飞机、自行车，甚至人体组织。

乐子熠：您认为 3D 打印流行的原因是什么？

吴欣：我个人认为，3D 打印流行是因为它突破了以前旧技术的局限性，可以更好地满足人们的需求。

孔锐羽：您对 3D 打印有什么看法？

吴欣：正如我前面所说的，3D 打印有成功之处，它可以实现精密制造，节省材料，制作出来的物件非常轻盈，承重能力也很强，可广泛应用于各种场景。但是，它也有不足之处，目前主要问题在于设备较大和花费时间较长。

吴科涵：该技术相关专业大学生毕业后主要是去哪里工作？

吴欣：毕业生会去国内一些增材制造的设备制造厂，如杭州先临，还有的去外资公司，如通用、博士等。

冯雨欣：3D 打印的前景是怎么样的？

吴欣：未来 3D 打印会被越来越多的人所关注，它有许多优势，如省材料、承重能力强等。当然，我们也会改进它的一些缺点，对 3D 打印耗时长、材料具有局限性进行改进，使 3D 打印更为普及。总的来说，3D 打印的前景是无比广阔的。

 ## 体验分享

走进增材制造

带着对增材制造技术的好奇心，2022 年 10 月 6 日上午，我们 DDD 小队在国庆假期中走进杭州电子科技大学先进制造实验室，近距离了解和体验增材制造技术。通过相关知识的课程学习和现场实践，我们都收获满满，受益匪浅。

首先，吴老师给我们讲解了增材的定义、来源及特点，并给我们举了世界上的一些增材制造物品实例，如自行车框架、滑板等。在吴老师声情并茂的解说中，我们了解到，3D 打印中的拓扑优化技术正是从鸟的骨骼中受到了启发，进而在增材制造中发挥着重要的作用，这让我们不禁为大自然中无穷无尽的学问而惊叹。接着，在吴老师的耐心指导下，我们进入了 3D 打印的实际操作流程。

增材制造技术实验室（吴欣老师 / 图）

先在电脑上对想要打印的东西进行建模，并转换成 3D 打印形式存入 U 盘，接着将 U 盘中的内容录入 3D 打印机，打印机便可以开始制作了。

学习完有关知识后，我们开始实践了。首先，我们打印了各自家乡省份的模型——黑龙江、江西、江苏、山东、广东、湖南等模型，用时 10—30 分钟不等。我们目睹了打印机工作的全过程，不禁感慨良多。3D 打印机构造复杂，打印的过程非常细致，而成品又相当精巧，这让我们由衷敬佩和感激发明 3D 打印机的科

同学们参观 3D 打印机（吴科涵／图）

学家。他们研发的过程定然受到了很多阻力，经历了很多挫折，在这一台小小的机器后面，是无数人付出的大量心血啊！在我们打印国际象棋"后"的棋子模型时发生了意外，材料缠在了一起，我们的成果毁于一旦。沮丧过后，我们重新尝试，最后的成品漂亮极了，这使得我们明白了失败总是免不了的，只有勇于面对失败，不懈努力，才能品尝到胜利的甜美滋味。

接下来，我们从实验室移步至会议厅，通过回忆这一天的学习及体验，我们深刻认识到了增材制造技术的优缺点。同学们还进行了小报绘制、诗歌创作和项目反思。通过学习，我们了解了增材制造技术从无到有、从有到不断优化的过程。看着屏幕上繁多的数据被转化为一样样精致的成品，我们充分感受到了增材制造技术的先进与神奇，我们的眼里充满了喜悦与自豪。从平面到立体，喷嘴吐出的材料一层层加高，好像人类用双手与汗水不断探索着宇宙，用科技改变世界，理想中的美好家园正在渐渐成形，我们非常激动。最终，我们将一天的收获总结成一份报道，这次丰富的实践活动圆满结束了。

在我们享受科技带来的乐趣时，我们情不自禁地想到了我们的祖国。只有祖国富强，国泰民安，我们才能拥有先进的科技设备，体验科技的神奇魅力。我们也真挚地感谢一直以来兢兢业业、辛勤付出、始终奋战在科研一线的工作者，正是有了他们，才保证我们的伟大祖国始终走在科技前沿。在祖国科技高速发展的潮流中，我们应当认真努力学习，争做勤学苦思的新时代好少年，争取将来为祖国科学事业增光添彩，为人类带来福祉。

（韩洪毅　吴科涵　冯雨欣　朱洛熹　乐子熠　孔锐羽　李半田 / 文
指导教师 / 董翠香）

 指导教师说

增材制造是快速成型技术的一种，俗称 3D 打印，说白了就是在三维空间内打印某种物体，而不只是停留在二维（纸质）打印。它是一种以数字模型文件为基础，运用粉末状金属或塑料等可粘贴的材料，再加上其内部的程序，通过一层层打印的方式来构造物体的技术。每一层可谓是薄之又薄。3D 打印通常是采用数字技术材料打印机来实现的，在经济、商业、工业设计、建筑、工程、汽车、航空航天、医药、教育、信息、军事及其他领域都有所应用。2019 年 1 月 14 日，美国加州大学圣迭戈分校首次利用快速 3D 打印技术，制造出模仿中枢神经系统结构的脊髓支架，成功地帮助大鼠恢复了运动系统的功能，让这只大鼠"重获新生"。2020 年 5 月 5 日，中国长征五号 B 运载火箭上，就搭载着"3D 打印机"。这是中国首次在太空完成的 3D 打印实验，也是国际上第一次在太空中开展 3D 打印实验。3D 打印在日常生活中也有广泛的应用，3D 打印的无人机和支架，既可以在天上飞，也可以在地上走，兼容了良好的功能性和设计性。

第四次工业革命，是以人工智能、新材料技术、信息技术、清洁能源以及生物等为突破口的工业革命。增材制造技术作为第四次工业革命新材料技术的代表之一，不断刷新着公众的认知，推动各行各业的发展。它也正在悄悄地接近我们的生活，并正在服务于我们的生活，让我们的生活更加方便快捷。希望同学们在今后不断探索，争取成为我国增材制造技术专家。

THREE 3 集成电路工程技术人员

职业编码：2-02-38-09

职业定义

从事集成电路设计、工艺开发、封装、测试、电子设计自动化工具开发的工程技术人员。

主要工作任务

1. 进行集成电路的算法设计、架构搭建、电路设计、仿真验证、逻辑综合、版图绘制、时序分析、可测性设计、物理验证；

2. 开发集成电路制造的光刻、刻蚀、注入、清洗、薄膜、化学机械抛光等工艺环节；

3. 进行集成电路的封装设计，分析相关信号的完整性；

4. 设计集成电路测试方案，实施测试过程；

5. 开发集成电路设计、制造、测试所用电子设计自动化工具，建立仿真模型及特征化工艺参数，并进行数据格式标准化。

来源：《中华人民共和国职业分类大典（2022年版）》

 职业畅想

作者：尚进　　　　　　　　　　　班级：804班

学校：杭州市文海启源中学　　　　指导老师：吴亚平

身边探究

在我们的学习、工作和日常生活中，经常听到集成电路、芯片这些名词，那么，集成电路是什么？芯片又是什么呢？它们是如何被制造出来的呢？其中有哪些关键步骤？又是谁把它们制造出来的呢？

分享者雷子浩：我从新闻里了解到中美贸易大战以美国对中国企业华为的制裁为开端，美国拒绝为华为提供芯片，致使华为的发展遇到了前所未有的困难，我才知道芯片技术是多么的重要，造芯片的工程师是多么了不起。

分享者鲁宇杰：我知道芯片是手机、电脑、机器人等很多智能设备的核心技术，我不知道它们是如何制造出来的，我很好奇，我曾拆开旧电脑看过，但是看不懂。

 未来的我

如果 10 年后你成为一名集成电路工程技术人员，你会为这个世界做什么呢？

分享者雷子浩：我会努力做好这项工作，并希望通过自己的努力，可以解决中国芯片被"卡脖子"的问题。

分享者鲁宇杰：如果我成为一名集成电路工程师，并且探索出更先进的技术，我会与更多的人分享，用这项技术为更多的人服务。

 # 职场访谈

> **职业体验者：**杭州市文海启源中学 804 班　尚进
> **职业体验导师：**杭州四方博瑞科技股份有限公司设计师　程金
> **访谈地点：**杭州四方博瑞科技股份有限公司

尚进：程老师您好！这两年我们一直听说芯片、集成电路这些名词，您能介绍一下什么是集成电路，什么是芯片吗？它们有什么区别？

程金：集成电路，英文为 Integrated Circuit，缩写为 IC；就是把一定数量的常用电子元件，如电阻、电容、晶体管等，以及这些元件之间的连线，通过半导体工艺集成在一起的具有特定功能的电路。集成电路也称微电路、微芯片、芯片。所以，集成电路其实是芯片的学名。你拆开手机，能看到里面有若干个电路板，电路板上有一些小小的黑色方块，我们把这些方块称为集成电路。正是这些数量众多的集成电路，赋予了手机极其复杂的功能。不过，集成电路和芯片还是略有差别。我们把集成电路的黑色封装材料去掉之后，才能看到真正的芯片。

尚进：我听说，指尖大小的芯片，内含上百亿个晶体管，芯片如此复杂，是如何制造出来的呢？

程金：我们可以将这个制造过程理解为三个部分：设计、制造和封测。很多人可能不了解什么叫设计、制造和封测，我用一个简单的例子来类比。集成电路的设计相当于一个作家在写作，它是一个创作的过程，是一个知识产权密集的过程，也是一个人才密集的过程。作家完成写作之后需要印刷。印刷厂需要进行非常精密的印刷，字印得很小又很清晰，还能成千上万地印刷，中间不走样，这就相当于集成电路的制造，它是规模化

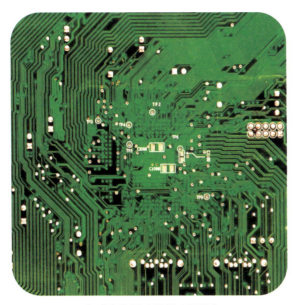

集成电路板（尚进／提供）

制造导向、设备密集、投资密集和专利密集的产业。书本在印刷完成之后需要装订，避免书本散架，装订过程中用到的材料还要是耐磨损的。装订也是一个非常重要的工作，需要检查装订是否正确、整齐，这就相当于集成电路的封测。因此，写作、印刷、装订基本上对应了设计、制造、封测。

尚进： 首先是要设计芯片，设计一个芯片主要有哪些步骤？

程金： 在芯片设计中，一共有四个步骤：最重要的步骤就是规格制定。这个步骤就像是在设计建筑前，先决定需要几个房间、几个浴室等等，在确定好所有的功能之后再进行设计，这样才能确保设计出来的芯片不会有任何差错。制定完规格后，芯片工程师开始编辑逻辑代码，如今，这一过程已不再需要直接写出电路，可以通过专门的编程语言来完成。接着就是测试分析关键电路规格的完备性，各种功能是否可以实现，再进行优化和调整。最后把电路设计转换为物理版图，这就是完整的布局布线图了。

尚进： 设计大功告成了，还要多久才能看到芯片？

程金： 刚才只是完成了芯片设计，要看到芯片，还要经过制造和封测呢。芯片制作的过程就像建造大楼一样，用硅晶圆来做大厦的地基，之后则按照芯片设计厂商输出的布局布线图进行蚀刻、光刻、层层堆叠，最终

三维坐标测量室（程金／提供）

制造出由电路构成的摩天大楼。这些工艺和过程也是非常复杂的。

　　尚进：这样制造出来的芯片能直接使用了吗？

　　程金：这样生产出来的芯片叫裸片，还不能直接应用于实际电路当中，需要经过封测后才能投入使用。

　　尚进：那么如何进行封测呢？

　　程金：首先，将硅晶圆切片，在芯片上盖一层蓝膜，保证切割后不易散落。切割后将合格芯片逐个取出；其次，需要使用金属导线将芯片上的连接点同引线框上的引脚进行连接；最后，将装配好芯片的引线框放置在模具中，将封装材料加温注入模具，形成一层外壳。这样，芯片才算完成。

　　尚进：芯片有必要做这么小吗？

集成电路生产车间（程金 / 提供）

程金：缩小电晶体的最主要目的，就是可以在更小的芯片中塞入更多的电晶体，让芯片不会因技术提升而变得更大；其次，可以增加处理器的运算效率；再者，缩小体积也可以降低耗电量；最后，芯片体积缩小后，更容易塞入移动设备中，满足未来轻薄化的需求。

成品芯片展示（尚进 / 提供）

尚进：如果我希望自己将来也能参与芯片设计，需要怎么做呢？

程金：那你们现在可要好好学习了，学好数学、物理、化学、英语，平时可以选择一些相关的书籍来看，开阔眼界，不断探索，加油！

尚进：谢谢程老师！通过您的介绍，我对这个行业更加向往，我一定好好学习，争取早日实现梦想！

 体验分享

走进"芯"世界

在我们的生活中，智能手机、电脑、游戏机这类现代数码产品的强大性能大家都有目共睹，而这些强大的性能得益于那些看似平常其实很复杂的科技产物——芯片。我们的世界已被芯片所包围，尖端芯片的出现使得这些数码产品加快了更新迭代的步伐，使更多新技术的出现成为可能。这些芯片是如何被制造出来的？其中都有哪些关键步骤呢？你也觉得好奇吧？

假期里，我在爸爸的带领下，走进了杭州四方博瑞科技股份有限公司，体验了"集成电路工程技术人员"这个新职业。程金老师给我讲解了集成电路的概念，以及它的用途、制作流程等等。我听得津津有味，没想到制造集成电路的半导体材料竟然是沙子！从一粒小小的沙子到一块拥有强大功能的芯片，其间所有复杂工序，都需要很多像程金老师那样拥有高技术的人才去完成，每个环节工作人员都要紧密配合，最终一块芯片才能顺利诞生。

　　在体验中，我了解了晶体管、电容、电阻、二极管等电子元器件的作用，以及实物的样子，在芯片里它们又是如何存在和工作的。程老师还带我做了项实验，就是制作一个音乐电子闹钟，他让我自己连接电路板，探索灯光三原色的奥秘、听听喇叭发出的声音大小及音色的变化……这每一项实验都离不开芯片的驱动，让我对芯片的功能和作用有了更深的了解。

　　程金老师是学识渊博的芯片设计师，希望他能设计出更厉害的芯片，为祖国的集成电路事业做出更大的贡献！

（尚进 / 文　指导教师 / 吴亚平）

 指导教师说

　　集成电路技术是信息化技术的核心，是引领新一轮科技革命和产业变革的关键力量，其作为国民经济中基础性、关键性和战略性的技术，已经上升到国家战略高度。我国相继出台多项政策支持集成电路产业发展，如《国家集成电路产业发展推进纲要》《中国制造 2025》，"十四五"时期为国家集成电路产业夯实基础、谋取更大进步的关键五年。

　　《"十四五"数字经济发展规划》《"十四五"国家信息化规划》《"十四五"国家知识产权保护和运用规划》中都提到要"加快集成电路关键技术攻关，增强关键技术创新"。

　　我们日常工作生活的每时每刻，都离不开集成电路，如钟表、手机、电脑、汽车、高铁、飞机等的正常运行，都需要集成电路的基础支撑。集成电路工程技术人员的工作主要是集成电路设计、工艺开发、封装、测试、电子设计自动化工具开发等，集成电路工程技术人员需具备数学、物理、化学、电子技术、嵌入式软件开发等方面的基础知识和技能，而这需要经过长期学习及培训才能满足岗位要求。如果同学们有志于从事集成电路方面工作，成为集成电路技术工程师甚至更高级的研发管理人才，建议从小学、从现在开始，学好各门课程，掌握相关知识，利用知识武装自己，成就梦想！

FOUR 4 机器人工程技术人员

职业编码：2-02-38-10

职业定义

从事机器人结构、控制、感知技术和集成机器人系统及产品研究、设计的工程技术人员。

主要工作任务

1. 研究、开发机器人结构、控制、感知等相关技术；

2. 研究、规划机器人系统及产品整体架构；

3. 设计、开发机器人系统，制订产品解决方案；

4. 研发、设计机器人功能与结构，以及机器人控制器、驱动器、传动系统等关键零部件；

5. 研究、设计机器人控制算法、应用软件、工艺软件或操作系统、信息处理系统；

6. 运用数字仿真技术分析机器人产品、系统制造及运行过程，设计生产工艺并指导生产；

7. 制订机器人产品或系统质量与性能的测试与检定方案，进行产品检测、质量评估；

8. 提供机器人相关技术咨询和技术服务，并指导应用；

9. 制订机器人产品、系统、工艺、应用标准和规范。

来源：《中华人民共和国职业分类大典（2022年版）》

职业畅想

机器人童谣

机器人是好伙伴
恶劣环境显身手
帮助人类解难题
创造美好新生活

工程师们超级棒
用心创造机器人
数学科技和工程
团队合作贡献大

人工智能新技术
模仿人类勤思考
芯片大脑是关键
小小身躯大能量

立志成为工程师
勤学苦练学本领
做好实验写科幻
天马行空志高远

作者：全思源　　　　　　　　　　班级：513班

学校：杭州市文海小学　　　　　　指导老师：陈锡冰

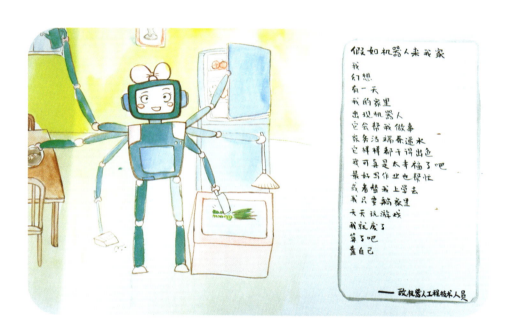

假如机器人来我家
我
幻想
有一天
我的家里
出现机器人
它会帮我做事
家务活端茶递水
它样样都干得出色
我可真是太幸福了吧
最好写作业也帮忙
或者替我上学去
我只要躺家里
天天玩游戏
我就废了
算了吧
靠自己

—— 致机器人工程技术人员

作者：曹汐朵　　　　　　　　　　　班级：502班
学校：杭州市文海小学　　　　　　　指导老师：孙立清

身边探究

在你的日常生活中，哪些你看到的或者你用过的东西，或者你参与的事情，可能与机器人工程技术人员的工作有关系？在你的想象中，他们应该去做什么？

分享者全思源：疫情期间，酒店里往隔离房间运送饭菜和生活用品的机器人可能是机器人工程技术人员开发设计出来的。

分享者李禹泽：我们学校门口红外线温度检测器能自动识别温度，如果温度过高会发出警报。

分享者陆子瑞：辐射灯可以根据外面的光线强度调节亮度。

 ## 未来的我

如果 20 年后你成为一名机器人工程技术人员，你会为这个世界做些什么呢？

分享者陆子瑞：设计保姆机器人，它可以帮助我做家务，内置的导航可以避开障碍物，采用防水材质，可以用来洗碗。

分享者李禹泽：设计看家机器人，在家人外出的时候，如果家中有可疑人员会自动关闭门窗，并及时转告主人。

分享者全思源：设计扫地机器人，可以定时清理家中的灰尘，能自动避开障碍物，会自动倒垃圾。

职场访谈

职业体验者： 杭州市文海小学 513 班　全思源
职业体验导师： 杭州简谱信息技术有限公司 CTO　刘恒良
访谈地点： 杭州简谱信息技术有限公司

全思源： 刘老师好！日常我们会碰到一些机器人，比如酒店的送餐机器人、送快递的快递机器人等。但是我们知道机器人的应用场合远远不止这些。刘老师能不能系统地解释一下，人们为什么要发明机器人。

机器人工程师为全思源介绍机器人的组成部件（刘恒良／提供）

刘恒良： 在工作中，有很多环境是人类没有办法进入的，比如高温、水下、危险性隧道等场合，需要机器人帮助完成人类无法完成的工作；而生产线上的重复劳动，人类做得太辛苦，机器人可以帮助把工人解放出来；另外，在生活中，机器人可以帮助人们做家务、送快递，能够帮助人们创造更加美好的生活。

全思源：可以说，机器人在各行各业都存在。那么能不能请刘老师给机器人分个类？

刘恒良：机器人的分类方法可多了，如果按照用途分，可以分为工业机器人、生活服务机器人、玩具机器人、教学机器人等等。

全思源：我特别好奇，机器人是怎么做出来的？

刘恒良：机器人制造涉及很多门科学和技术门类，包括：结构，比如仿造的关节；材料，比如仿造的皮肤；力学，比如如何让机器人举起重物；电子信息，比如如何与机器人沟通，如何控制机器人的动作等；精密制造技术，比如如何建造非常精密的结构，进而模仿人的动作。在机器人设计和制造过程中，这些科学和技术门类的每一个方向都需要专门的科学家和工程师参与，他们组成团队，密切合作，才能做出对人类有用的机器人。

全思源：机器人技术太复杂了。日常生活中机器人都是在帮助我们，可是，发明机器人有什么坏处吗？

刘恒良：机器人能够完成很多人类无法完成的工作，能够帮助人们做很多事情。但是机器人的发明也会带来不确定性。比如，将来机器人会不会拥有自己的思想？会不会和人类起冲突？这个方面的问题，小朋友们不妨思考一下。

全思源：刚刚工程师哥哥给我介绍了机器人里用到了芯片技术，请问芯片是装在机器人的哪个部位上的？

刘恒良：机器人能够模仿人的行为，根本的原因是拥有控制系统，而控制系统的核心就是芯片，芯片能够感知外部信息，进行复杂的计算，然后给出决策和控制指令，控制机器人完成各种复杂的动作。所以芯片主要是安装在控制系统的控制电路板上。

全思源：芯片里的电线是怎么做到不重叠的呢？

刘恒良：芯片里有数以十万、百万计的导线，这些导线连接芯片内各部件并进行信号传递。这些导线在芯片内部是一层一层排布的，层间填充了绝缘材料，导线通过导线孔连接。

全思源：芯片为什么能做得那么小？

刘恒良：芯片内部的线宽是纳米级别的，也就是十亿分之一米级别的宽度，比头发丝细多了。这需要强大的画图工具、超级精密的测量技术、精密的加工技术的支撑及成千上万工程师的辛苦劳动才能做到。

全思源：机器人的手和脚都有五根指头吗？

刘恒良：这个问题真有趣！其实机器人的手和脚不一定有五根指头，有一些只有两根，有一些则多于五根，要看用途和设计难度。当然，仿生机器人，如果需要模仿人类的话，经常会被设计成五根指头哦。

体验工程师的日常工作（刘恒良／提供）

全思源：机器人是怎么与人交谈的？

刘恒良：机器人与人交谈需要利用现代先进的人工智能技术才能实现，首先机器人需要"听懂"人的语言，这就需要采用自然语言处理的技术，能够将人类的语言翻译成机器人控制系统能够理解的信息，然后再根据这些信息形成回答的信息，并"说"出来。除了自然语言处理，还有人工神经网络、专家系统、知识图谱等很多人工智能技术都会应用到机器人与人交谈的设计当中。

全思源：我也想成为一名机器人工程师，该做些什么准备？

刘恒良：科学、数学、技术与工程是机器人工程师所必备的基础知识和技能，对于小朋友来讲，首先要打好基础，比如你们现在的语文、数学、英语、科学课程，都是将来进一步学习的基础，必须学好、学扎实。另外，课余时间不妨多看看科技新闻，多做做科学小实验，养成勤于思考的好习惯。当然，如果感兴趣，也可以写一写科幻故事，说不定科幻故事也会变成现实哦。

全思源：谢谢刘老师！我以后也要努力当一名机器人工程师。

 # 体验分享

机器人魔法师

现在，机器人已经被广泛应用于日常生活的方方面面，比如协助工厂里的工程师工作的机器人、提供快递服务的物流机器人，还有家用的机器人管家等等。说起来，我最早跟机器人亲密接触是在我四五岁的时候。那时爸爸妈妈带我去旅游，我们住的酒店里就有一个机器人。那是一个送餐机器人，你可以在酒店里扫描二维码，然后点一些食物，之后机器人就会收到信息，最后跟厨房的工作人员核对后，机器人就会把食物送到房间里。这个送餐机器人不仅能够自己按电梯按钮，还特别有礼貌，会跟我打招呼。是不是很神奇呢？从那时起，我就对此很好奇，为什么机器人也能像人一样灵活地活动？它又是怎么完成人不能完成的一些高难度工作的呢？

带着这些疑问，今天我就兴致勃勃地去杭州简谱信息技术有限公司体验了"机器人工程技术人员"这个新职业。刘恒良导师和其他机器人工程师给我介绍关于机器人和机器人工程师的很多知识。一开始我认识了很多机器人，比如说波士顿动力公司生产了非常多的仿真机器人，这些机器人都很厉害，有的能行走，有的能跳舞，有的能在工地里穿行，还有的机器人能爬楼梯，穿越障碍物，真是太厉害了。

在体验中我还了解到，机器人其实是由很多复杂的零件组成的。其中特别关键的是，机器人是由控制单元控制的。而控制单元由一个一个电路板组成。于是我请教了一位工程师大哥哥，请他在电脑里将电路板分成一层一层展示给我看，电路板里的线路可真多呀！听爸爸说，这里面的电路信号连线有数万条，真是不可思议！工程师还给我看了一块 3 个巴掌大小的电路板，只有 3—5 毫米厚，居然能分成十几层，里面还藏着 1 万多条不足 1 微米的电线，工程师是怎么做到的呢，他们是不是就像魔法师呢？

从事机器人工程行业的工程师都是优秀的数学家、物理学家和计算机科学家，他们都有坚定的决心和顽强的毅力，相信他们一定会成功地制造出一个又一个优秀的机器人。

（全思源/文　指导教师/陈锡冰）

指导教师说

　　机器人被誉为"制造业皇冠顶端的明珠"，其研发、制造、应用是衡量一个国家科技创新和高端制造业水平的重要标志。国家在 2021 年发布的《"十四五"机器人产业发展规划》中提到，2020 年中国机器人产业营业收入已经突破 1000 亿元，工业机器人产量达 21.2 万台（套）。技术水平持续提升，运动控制、高性能伺服驱动、高精密减速器等关键技术和部件的研发加速突破，整机功能和性能显著增强。集成应用大幅拓展，2020 年制造业机器人密度达到 246 台 / 万人，是全球平均水平的近 2 倍，服务机器人、特种机器人在仓储物流、教育娱乐、清洁服务、安防巡检、医疗康复等领域实现规模应用。可以说，当前机器人产业蓬勃发展，正极大改变着人类的生产和生活方式，为经济社会发展注入强劲动力。而所有这些都离不开机器人工程技术人员的辛勤工作。

　　机器人工程技术人员的工作任务涵盖机器人研究、开发、运用和维护的各个方面，涉及结构、控制、感知、算法、硬件、软件、生产、工艺、计量检定、技术服务以及应用开发等复杂多样的技术领域。机器人工程技术人员需要具备数学、物理、电子信息、软件工程、人工智能等方面的知识和技能，需要经过长期的训练和学习才能满足行业的要求。如果小朋友有志于成为一名机器人工程师，应该从小就好好学习各门课程，为高年级直至大学的学习时刻做好准备。

第2章
数字中国
——引领赋能全球发展新势力

　　数字中国是新时代国家信息化发展的新战略，是满足人民日益增长的美好生活需要的新举措，是驱动引领经济高质量发展的新动力，涵盖经济、政治、文化、社会、生态等各领域信息化建设，包括"宽带中国"、"互联网+"、大数据、云计算、人工智能、数字经济、电子政务、新型智慧城市、数字乡村等内容。

　　数字经济赋能下的新就业形态，成为更多人"希望的田野"。数字职业的从业者需保持创新意识，做到与时俱进，及时更新技能，丰富知识储备，以适应行业日新月异的发展变化；要永远保持不畏艰险、锐意进取的奋斗韧劲，练就过硬本领，努力在数字经济的大潮中抓住机遇、逐浪前行，让数字经济更好"职"引未来。

ONE 1 人工智能工程技术人员

职业编码：2-02-38-01

职业定义

从事人工智能相关算法、深度学习技术的分析、研究、开发，设计、优化、运维、管理和应用人工智能系统的工程技术人员。

主要工作任务

1. 分析、研究人工智能算法、深度学习及神经网络等技术；

2. 研究、开发、应用人工智能指令、算法及技术；

3. 规划、设计、开发基于人工智能算法的芯片；

4. 研发、应用、优化语言识别、语义识别、图像识别、生物特征识别等人工智能技术；

5. 设计、集成、管理、部署人工智能软硬件系统；

6. 设计、开发人工智能系统解决方案；

7. 提供人工智能相关技术咨询和技术服务。

来源：《中华人民共和国职业分类大典（2022年版）》

职业畅想

人工智能本领大

人工智能本领大

能上天，能入地

智能应用遍地花

听我给您夸一夸

技术人员真伟大

编程序，写算法
设计电路一把抓
智能产品来当家
智能车，真稀奇
没司机，无人驾
会认路，技术佳
过弯爬坡都不怕
机器人，真厉害
会做饭，会浇花
盖高楼，建大厦
重活累活一把抓

做手术，累不怕
看片子，没偏差
有症状，自动查
医疗行业智能化
会下棋，会画画
听语音，能讲话
识图像，能玩耍
教育行业也有她
人工智能本领大
新生活，智能化
男女老少乐哈哈
美好未来就靠她
人工智能本领大

新职业，新变化
努力学习有想法
争做智能发明家

作者：毛镜阅、斯晨颐、胡惜婕、周子涵、张奕诺/图文　　　班级：202班
学校：杭州市钱塘区文清小学　　　　　　　　　　　指导教师：郑月瑛

 ## 身边探究

在你的日常生活中，哪些你看到的或者你用过的东西，或者你参与的事情，可能与人工智能工程技术人员的工作有关系？在你的想象中，他们应该会做什么？

分享者毛镜阅：有一次和爸爸妈妈出去旅游，酒店里有送餐机器人，自己会进电梯、送东西，这个应该就是人工智能吧。

分享者斯晨颐：在新闻里看到过无人驾驶的汽车和货车，感觉很神奇。

分享者胡惜婕：我有一个智能音箱"天猫精灵"，我问她问题的时候，她会告诉我答案，我觉得她挺智能的。

分享者周子涵：我觉得爸爸妈妈开车时用的导航软件也很智能，可以带着我们去任何地方，不会迷路。

分享者张奕诺：现在家里的电视机也很智能，给它一个语音指令，就会播放我想看的动画片。

未来的我

如果 20 年后你成为一名人工智能工程技术人员，你会为这个世界做什么呢?

分享者毛镜阅：如果我成为一名人工智能工程技术人员，我想设计无人驾驶的飞机，未来的飞机不需要飞行员也可以飞到世界各地。

分享者斯晨颐：如果我成为一名人工智能工程技术人员，我要开发一个智能的机器宠物，爸爸妈妈不在的时候，可以陪小朋友玩耍。

分享者胡惜婕：如果我成为一名人工智能工程技术人员，我要让家里所有的家具和电器都变得更智能，都可以和我们对话。

分享者周子涵：如果我成为一名人工智能工程技术人员，我想发明一个能帮小朋友学习的机器，让大家学习更轻松。

分享者张奕诺：如果我成为一名人工智能工程技术人员，我想发明一个机器人医生，这样病人不用去医院就可以让机器人上门治病。

 ## 职场访谈

职业体验者： 杭州市钱塘区文清小学 202 班　毛镜阅、斯晨颐、胡惜婕、周子涵、张奕诺
职业体验导师： 杭州简谱信息技术有限公司　吴程亮
访谈地点： 浙江工商大学萨塞克斯人工智能学院

胡惜婕：吴老师好，平时经常听说人工智能这个词，到底什么是人工

智能，我一直不太清楚，请问能给我们讲一讲什么是人工智能吗？

吴程亮：目前人工智能这个概念的定义有好几种，根据人工智能之父马文·明斯基的定义，人工智能就是让机器来完成那些如果由人来做则需要智能的事情。我觉得这个定义比较简洁明了。

胡惜婕：哦，听起来有点难呢，但是大概了解一点了，你们单位就是做人工智能的吗？

吴程亮：我们浙江工商大学萨塞克斯人工智能学院是由教育部批准设立的中外合作办学机构，是国内第一个中外合作办学的人工智能学院，合作双方为英国萨塞克斯大学和中国浙江工商大学。学院目前有两个硕士学位授予专业：机器人与自动化系统、人工智能与自适应系统。采用当前国际先进的教学方式，培养人工智能领域的专业技术人才。

张奕诺：吴老师，那么你们平时的工作内容都是什么呢？感觉你们的工作看起来很神秘呢！

吴程亮：我们的日常工作主要是研究一些和人工智能相关的算法，包括机器学习和深度学习技术，以及这些算法和技术在嵌入式智能系统（比如机器人、智能车）中的应用。

毛镜阅：听起来挺有趣，吴老师，我平时也喜欢玩汽车玩具，请问您能不能给我们举个例子来解释一下你们的工作？

吴程亮：比如我们正在参加一个智能小车的竞赛，根据安装在小车上的摄像头获取道路信息，然后通过我们编写的一些算法，小车就可以在复杂的地形里面自动行驶。

毛镜阅：智能汽车好厉害啊，那现在我们国家做这个工作的人多吗？

吴程亮：总的来说，目前我国人工智能工程技术人员的绝对数量并不多。目前国内人工智能人才供需指数逐年走高。根据相关机构的测算，我国人工智能人才目前缺口超过 500 万人，国内的供求比例为 1∶10，供需比例严重失衡。由于合格的人工智能人才培养所需时间远高于一般信息技术人才，因此，这部分人才缺口还比较大，需要我们不断加大人才培养力度。

张奕诺：吴老师，我再问一个不太一样的问题，请问您为什么会选择这个职业呢？

吴程亮：首先是因为人工智能非常有意思，会有很多创新性的工作，其次是因为考虑到这个职业的总体薪资待遇比较高，所以会倾向于选择这个职业方向。

斯晨颐：那么吴老师，如果将来我们也想成为人工智能专家，我们应该学习哪些知识和课程呢？

人工智能工程技术专员在展示和讲解智能小车（杭州市钱塘区文清小学 202 班　毛镜阅／提供）

吴程亮：我们需要学习的知识和课程分为硬件和软件两类。软件的话包括 C 语言、Java、JavaScript 等编程语言，硬件的话主要包括电路 CAD 的设计等。

斯晨颐：吴老师在工作过程中有没有碰到什么困难？或者有发生什么有趣的事吗？

吴程亮：像我们在做的那个智能汽车竞赛，主要比拼小车的速度，当小车速度达到 3 米 / 秒时，速度比较快，转弯的时候容易发生漂移，甚至会移出赛道。所以我们在编写程序的时候，需要控制小车转弯时的速度，让小车尽量"丝滑"地转弯。这个问题我们当时研究了很久，印象比较深刻。

人工智能工程技术专员现场演示无人驾驶的智能小车（杭州市钱塘区文清小学 202 班毛镜阅 / 提供）

周子涵：我们都比较关心一个问题，人工智能工程技术人员的工资高吗？

吴程亮：根据各大招聘网站的统计数据，人工智能行业的高薪企业主要分布在京津、长三角、珠三角地区及部分内陆省会城市。北京、上海、深圳及杭州的薪水位列第一方阵，月薪在1.8万元左右；苏州、南京、广州及厦门位列第二方阵，月薪在1.4万元左右；其他沿海及内陆省会城市，如成都、重庆、长沙及济南等位于第三方阵，月薪在1.3万元左右。

周子涵：这个职业未来的发展怎么样，能不能请吴老师最后再给我们讲一讲？

吴程亮：新一代人工智能的发展前景从长远来看还是非常不错的，对我们生活的各个领域都会产生重大的影响，所以在未来几年人工智能的发展必将势不可挡，成为一种主流的趋势。

 **体验分享**

打开人工智能的大门

无人驾驶汽车没有"眼睛"，它是怎么认路的？机器人能完成各种复杂的工作，它是怎么思考的？带着对人工智能的好奇，我们新职业体验小组一行五人走进了浙江工商大学萨塞克斯人工智能学院，和人工智能专业人员进行面对面的交流，感受人工智能技术，学习人工智能知识，同时也深入了解人工智能工程技术人员这个新职业。以前，我们更多是在动画片和科幻电影里接触人工智能，今天我们终于可以近距离地接触人工智能，

了解人工智能。

　　首先，我们小队全体成员对从事人工智能工程技术工作的小吴老师进行了采访。小吴老师首先用一段生动有趣的动画短片向我们科普了"什么是人工智能"，接着他又简单介绍了浙江工商大学萨塞克斯人工智能学院的基本情况。随后，我们针对人工智能产业和人工智能工程技术职业提了一系列问题，小吴老师耐心地解答了我们的问题，用生动有趣的例子和翔实的数据，向我们展示了人工智能产业的发展情况和人工智能工程技术职业的工作内容。

　　访谈结束以后，小吴老师又带着我们参观了萨塞克斯人工智能学院和智能小车实验室，小吴老师和王老师向我们展示了最新的人工智能技术成果——无人驾驶智能小车。看着无人驾驶的智能小车灵活自如地在赛道上奔驰，我们切身感受到了人工智能的魅力。最后，我们合影留念，非常愉快地结束了这次新职业体验活动。结束参观之后，我们又共同创作了手绘、小作文和童谣，用我们的画笔和文字来记录这次难忘的活动。

　　这次新职业体验活动，以及和人工智能工程技术人员面对面的交流，为我们打开了人工智能的大门，解答了我们心中很多的疑问和困惑，我们对人工智能产业和人工智能工程技术人员这个新职业有了更加深刻的认识。我们都觉得这个职业非常有意义，也非常有趣。人工智能产业是一个飞速发展的产业，给人类社会带来了变革式的影响。在我们日常生活的很多领域，比如医疗、教育、制造、交通等等，我们都可以看到人工智能的身影。人工智能的未来有无限的可能，我们要努力学习科学文化知识，希望长大以后也能从事人工智能相关的工作，用科技创造更加美好的生活。

　　（杭州市钱塘区文清小学 202 班 毛镜阅、斯晨颐、胡惜婕、周子涵、张奕诺 / 文　指导教师 / 郑月瑛）

指导教师说

　　人工智能产业是一个快速发展的新兴产业，现今已在交通、医疗、教育、制造等多个领域实现技术落地，并逐渐开始对人类社会的生产生活方式和经济发展带来革命性的影响。我国政府高度重视人工智能发展，将新一代人工智能技术的产业化和集成应用作为发展重点。党的十九大报告也提出，要"加快建设制造强国，加快发展先进制造业，推动互联网、大数据、人工智能和实体经济深度融合"。目前，发展人工智能产业已经上升为国家重要战略，也是我国供给侧结构性改革的创新引擎。人工智能产业的应用和发展，离不开专业的工程技术人员的支撑，我国政府也非常强调培养人工智能技能型人才的重要性。根据百度人工智能报告，目前人工智能人才供给最多的是数字蓝领人才，来自两个方面：一种是由传统软件行业人才转化而来，但是这种人才掌握的技能水平相对较为基础，离高水平、高技能人才还有一定差距；另一种则是由专业人才成长而来。因此，未来3—5年，人工智能人才需求还将保持快速增长，而高层级岗位需求会长期持续增长。

　　新时期的小学生，通过体验人工智能相关的新职业，切身感受人工智能给日常生活带来的巨大变化，是一件很有意义的事情。这个小组的同学们，在老师和家长的指导下，通过在网上认真查阅相关资料，了解了人工智能技术和我国人工智能产业的发展，认识了人工智能从业人员这个职业的要求和特点，在这个过程中学习了新的知识，也开阔了他们的眼界。人工智能是一门跨领域的交叉学科，涉及多个学科的知识和技能。而很多学科的学习，与小学时期良好学习习惯的养成以及学习兴趣的培养有着密切关系。如果小朋友们有志于成为一名人工智能工程技术人员或者从事人工

智能相关的工作，应该从小就学好各门课程，为将来更高层次的学习打好基础。老师可以在日常的教学活动中引导小朋友树立志向和目标，激发小朋友们的求知欲和探索欲，鼓励他们向着自己的目标努力和奋斗。

2 TWO 大数据工程技术人员

职业编码：2-02-38-03

职业定义

从事大数据采集、清洗、分析、治理、挖掘等技术研究，并加以利用、管理、维护和服务的工程技术人员。

主要工作任务

1. 研究和开发大数据采集、清洗、存储及管理、分析及挖掘、展现及应用等有关技术；

2. 研究、应用大数据平台体系架构、技术和标准；

3. 设计、开发、集成、测试大数据软硬件系统；

4. 进行大数据采集、清洗、建模与分析；

5. 管理、维护并保障大数据系统稳定运行；

6. 监控、管理和保障大数据安全；

7. 提供大数据的技术咨询和技术服务。

来源：《中华人民共和国职业分类大典（2022年版）》

职业畅想

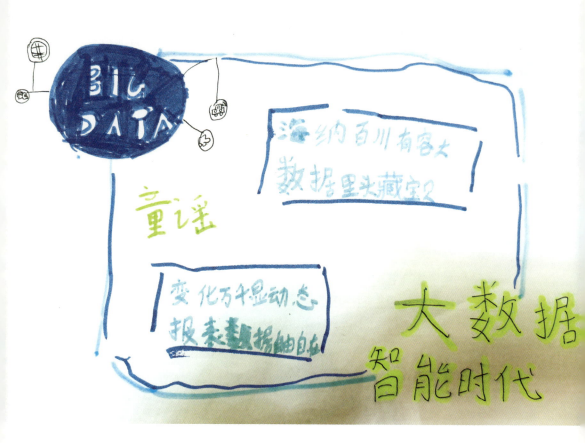

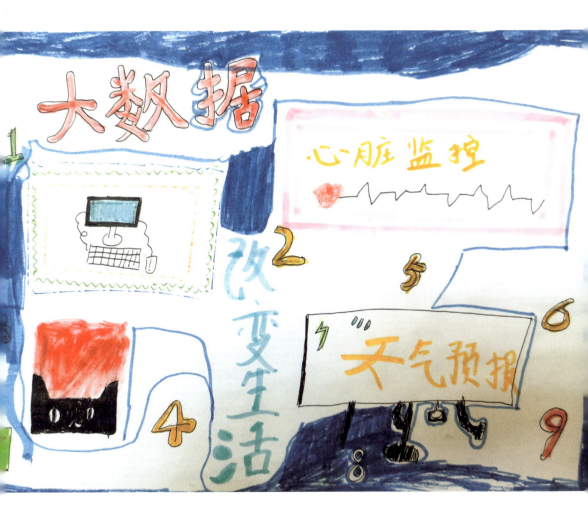

作者：王子嫣　　　　　　　　　班级：203班

学校：杭州市文海第二实验学校　　指导老师：万星星

身边探究

在你的日常生活中，哪些你看到的或者你用过的东西，或者你参与的事情，可能与大数据工程技术人员的工作有关系？在你的想象中，他们应该会做什么？

分享者孙晨恩：与进校门的人脸识别系统应该有关系，它可以知道我们平时的来校时间，知道我们的作息规律。

分享者方梦瞳：与在网上买东西应该有关系，可以知道我们的购物习惯和爱好。

分享者鲍靖玲：与小朋友戴的电话手表应该有关系，可以知道我们一天的身体情况，比如心率、呼吸等。

 ## 未来的我

如果 20 年后你成为一名大数据工程技术人员，你会为这个世界做些什么？

分享者王子嫣：如果 20 年后我成为一名大数据工程技术人员，我会做一款很小、很轻、能说话的书，把大数据收集的信息放到书里，这样就可以保护眼睛，不用低头看书，还可以随身携带这本书。

 **职场访谈**

职业体验者：杭州市文海第二实验学校 203 班　王子嫣
职业体验导师：京东大数据研究院大数据工程分析师　乔磊
访谈地点：京东大数据研究院

王子嫣：乔老师，您可以给我们介绍一下您现在做的大数据工程技术是做什么的吗？

乔磊：大数据工程技术分为数据的采集、加工、处理及应用，其中数据采集是在用户允许的情况下，对用户的行为数据进行采集，将采集上来的数据进行去重、合并等加工操作，根据数据的多样性，可以针对用户制作出专属的用户画像，以此来更好地为用户服务。

王子嫣：我想了解你为什么选择做大数据工程技术员呢？

乔磊：首先，是对数据有浓厚的兴趣；其次，现在已经进入信息时代，数据是信息的最小单位，对底层的数据进行加工后，所产生的结果，对各行各业都有宏观方面的指导性，为各行各业的发展提供了一个方向。

王子嫣：如果以后我也想成为一名大数据工程技术分析师需要具备哪些技能呢？

乔磊：不管是现在还是将来，都需要学好数学、英语；如果能学习一下编程的知识，那就最好了，因为编程可以锻炼人的逻辑思维能力。

王子嫣：是不是现在疫情防控方面，也在发挥大数据优势呢？只是和你的职业不一样呢？

乔磊：大数据的技术可以用到很多方面，涉及的技术覆盖面很广，其中就包括了我现在的职业；疫情中用到的行程码、健康码都用到了大数据

技术。行程码是基于运营商的基站将用户的行动轨迹进行分析处理，从而快速得出你去过哪些场所；健康码数据与医疗中心数据打通，人们在做完核酸后，结果就会很快地分析出来并且数据被同步到健康码中。

王子嫣：您可以举一个和我们生活息息相关的大数据的例子吗？

乔磊：我们平时都会上网买东西，你有没有观察过，有的时候同一个购物 App 中，你看到的内容和其他人看到的内容是不一样的。这里就用到了大数据技术，针对每个使用者制作了专属的用户画像，系统会根据不同的画像为用户提供不同的商品信息，以保证你看到的就是你最想、最有可能买的东西。

王子嫣：原来大数据可以这样造福人类，我以后也要学会这个本领。

 ## 体验分享

我眼中的大数据分析师之京东数据分析师

通过对乔老师的采访，我知道他是一位京东平台的数据分析师。他说这个新职业的工作任务，首先是数据采集，数据采集是在用户允许的情况下，对用户的行为数据进行采集；再将采集上来的数据进行去重、合并等加工操作，根据数据的多样性，可以针对用户制作出专属的用户画像，以此来更好地为用户服务。

而要成为他这样的人，首先要对数据有浓厚的兴趣。现在，我们已经进入了信息时代，数据对我们的生活影响很大。数据是信息的最小单位，对底层的数据进行加工后，所产生的结果，对各行各业都有宏观方面的指

导性，为各行各业的发展提供了一个方向。

我眼中的大数据分析师之百度地图

"十一"假期我们出门了，在高速路上我认识了百度地图。它准确地告诉我们哪条路拥堵，哪条路顺畅，就连到达的时间都计算得非常准确。这是我第一次感受到出行中大数据的魅力。

后来爸爸告诉我，百度地图 10 月 8 日发布了"十一"出行大数据。数据显示，2022 年国庆假期中，全国人口迁徙规模峰值较节前上涨约 1.4 倍，全国高速拥堵里程峰值出现在 10 月 1 日上午 10:30。热门景区、热门商场集中分布在杭州、长沙、上海、北京、重庆等重点旅游城市。真的太不可思议了，它对各地的出游情况一清二楚。

我眼中的大数据分析师之疫情防控

自从疫情发生以来，出入公共场所，都要查验健康码和行程码，一看这两个码就知道你有没有去过中高风险地区、是否需要隔离、新冠病毒疫苗接种情况等相关信息，不得不感叹这枚小小健康码后面的大数据算法为防疫带来的便利。

小区是疫情联防联控的第一线，对外来人员的排查是防控的重中之重。如果在以前，社区工作人员要挨家挨户地毯式的排查，但是现在有了大数据的加持，只需通过小程序或扫码进行实名认证，活动轨迹就一目了然，既减轻了社区工作人员的工作量，也能保证人们之间的安全距离。

我眼中的大数据分析师之精准扶贫

通过视频我了解到，我们国家现在的精准扶贫，大数据也起了非常大的作用。通过大数据的应用，可增强贫困地区与市场的联系，帮助农产品

找到市场。

我们国家的贵州省打通了扶贫、公安、教育等 21 个国家部委和省市部门数据，实现数据实时共享交换。扶贫对象的车子、房子、票子、医疗、社保等情况，扶贫干部通过手机 App 就能一览无余，通过对贫困户精准识别、准确画像，分析贫困户的致贫原因，实现了有针对性的精准帮扶。

大数据工程技术人员真了不起！

（王子嫣 / 文　指导教师 / 万星星）

数据中心工程师正在智能微模块机房进行日常维护（王子嫣 / 图）

　　智能巡检机器人，人工智能大数据与多传感器的融合，提高机房稳定性，提高运维效率（乔磊／提供）

 ## 指导教师说

2015 年 8 月，国务院印发《促进大数据发展行动纲要》，明确"加快政府数据开放共享，推动资源整合"。社会各界通过对数据资源的整合、利用，加速了数据流通共享以及数据资源化进程。2018 年 10 月，《数据管理能力成熟度评估模型》发布实施，规范了各组织、机构数据管理和应用工作，提升国内数据管理和应用能力。2019 年 10 月，在中国共产党第十九届中央委员会第四次全体会议上，中央首次公开指出"健全劳动、资本、土地、知识、技术、管理和数据等生产要素按贡献参与分配的机制"。这是中央首次在公开场合提出数据可作为生产要素按贡献参与分配，反映了随着经济活动数字化转型加快，数据对提高生产效率的乘数作用凸显，成为最具时代特征新生产要素这一重要变化。

当前，大数据相关技术已基本成熟，逐步成为支撑型的基础设施，其发展方向也开始向提升效率转变，向个性化的上层应用聚焦。随着 5G 通信标准的落地，物联网、移动互联网、大数据、传统行业将深度融合，算力、流批、模块、云数、数智等技术融合的趋势越发明显，大量既懂得大数据技术又懂得其他相关行业技术的人才在大数据应用领域发挥着越来越大的作用。

THREE 3 数据安全工程技术人员

职业编码：2-02-38-01

职业定义

从事数据安全需求分析挖掘、技术方案设计、项目实施、运营管理等工作的工程技术人员。

主要工作任务

1. 收集、分析数据安全保护需求，提供数据安全技术咨询服务；

2. 制定数据安全工程技术解决方案，实现对数据处理全流程的安全保护；

3. 统筹数据安全技术方案的具体实施、运营，对技术方案的落地实施负责；

4. 监测、分析和解决数据安全保护相关技术问题；

5. 综合分析、评估数据安全保护技术有效性，并对数据安全保护技术进行持续优化改进。

来源《中华人民共和国职业分类大典（2022年版）》

职业畅想

数据安全童谣

小小汽车真不孬，
数据安全很重要。
车联网后风险高，
没有防护不得了。

无论通信或数据，
安防级别非常高。
我们必须倍努力，
勇做安全守护苗。

若有不轨之心人，
数据泄露都难逃。
高速行驶被远控，
随意刹车到处跑。
甚至车祸致燃烧。
隐私信息被窃取，
个人麻烦增烦恼。

作者：孟令轩   班级：401班
学校：杭州市文海凌云小学   指导老师：于雪妍

身边探究

在你的日常生活中，哪些你看到或用过的东西、或者参与过的事情，与数据安全工程师有关？在你的想象中他们应该会做什么？

分享者杨淑茜：我们的爸爸妈妈在用手机付款买东西的时候，手机密码是数据安全工程师要想办法保护的。他们可能会将什么技术藏在手机里，然后保护着这个密码。

分享者陈菁：我觉得汽车的无线钥匙应该会和数据安全工程师有关吧。我们家的无线车钥匙只能打开自己家的车，打不开别人家的车啊。

未来的我

如果 20 年后你成为一名数据安全工程技术人员，你会为这个世界做什么？

分享者孟令轩：如果我成为一名数据安全工程技术人员，我会保护好我家的电脑不被坏人植入病毒，保护好车辆不被坏人控制，也不能造成事故。我还会保护好银行里面储户的存款数据。

分享者宋俊贤：长大后如果我成为一名数据安全工程技术人员，我会把我负责的数据管理得有条不紊，同时会保护好这些数据。比如我们小区物业的人员数据要管理好，不被坏人利用，其他人不能随意出入小区。还要保护好政府的一些重要数据，不被坏人恶意获取和修改。

 职场访谈

> **职业体验者：** 杭州市文海凌云小学 401 班　孟令轩
> **职业体验导师：** 麦格纳斯太尔汽车技术汽车信息安全专家　孟祥许
> **访谈地点：** 安恒信息网络安全创新体验中心

孟令轩： 如果汽车没有做数据安全防护的话，会有什么样的影响和后果？

孟祥许： 汽车如果没有做数据安全防护，最突出的两个影响就是远程控制和隐私性被破坏。比如在高速公路上行驶的汽车，数据如果没有做好防护，车内操作系统被黑客入侵后，车辆的加减速以及刹车等重要操作容易被控制，严重时会导致车毁人亡；再一个就是车内数据，如果没有防护的话，个人的敏感信息，比如账号信息、密码，甚至一些个人行为习惯，都可能会被别有用心的人窃取，用于非法行为，造成个人隐私性被破坏。

孟令轩： 黑客们是怎样攻击车辆的？

孟祥许： 入侵一辆车，首先需要对目标车辆进行踩点，也就是要弄清楚这辆车的关键控制系统的软硬件模块、读写端口、通信协议、操作系统及其常见漏洞等。在弄清楚车辆的操控动作的协议内容后，通过远程入侵车辆操作系统，修改其配置文件和 App 等来攻破一些控制器的防御系统，最终进行发送指令的操作，进而控制车辆动作。当然也存在攻击车辆后台服务器从而控制车辆的行为，但相对来说这种控制方式作用有限。还有一些攻击措施，比如驾驶员的一些信息都会被记录在车机的大屏里面，而一旦大屏存在安全漏洞，就会被别有用心的黑客利用，非法获取个人信息以达到其不可告人的目的。

孟令轩： 保护数据安全有哪些方法？

学习参观数据安全实验室（孟祥许／提供）

孟祥许： 我们常见的保护方法有对通信数据和内部存储数据的保护。通信数据可以根据不同的协议类型，采取不同的保护方法。车内和车外的通信我们都有分别对应的保护方法。通俗地讲，就是对通信数据进行加密或加密验证处理。比如车辆和后台进行通信时，车辆和后台要相互鉴别对方的身份，只有确认对方的身份是无误的，才会进行继续通信。对于内部存储数据的保护，我们就是采用常见的加密和脱敏处理。

孟令轩： 我们常见的私家车，存在数据安全的风险吗？

孟祥许： 通常认为如果没有进行车联网，就没有数据安全泄露或者被远程控制的风险。但即使没有车联网，也防不住别有用心的人潜入车内，进行数据盗采，但通常这种攻击场景不常见。

孟令轩： 要完成这项工作，需要学习哪些知识？

参观学习数据安全监控大屏（孟祥许／提供）

孟祥许： 首先要熟悉车辆的软硬件知识、常见的数字电子技术及模拟电子技术，再就是计算机原理的一些内容，如汇编指令、单片机技术等等。当然熟悉这些知识都需要先学习好基础学科，比如数学、物理、化学的基础知识可以解释数字电子技术、模拟电子技术的一些内容，而一些软件算法、内核数据和芯片的资料需要查询国外网站资料，就得精通英语。这一切知识的获取都离不开基础学科的支持。因此小朋友们必须好好学习，打好基础，以后才能进行更深入的学习和研究。

 **体验分享**

认识汽车数据安全

　　清晨，我爸爸用他的手机就能在我家远程打开汽车空调，也能远程打开车门、后备箱，这真的是太神奇了。还有更神奇的，我爸爸开车的时候，如果犯困了，车辆竟然也能知道，还会友善地提示他该休息了。爸爸说不久的将来，开车的时候人的双手将完全脱离方向盘，你只需要说出你的目的地，然后躺下睡大觉就行了，汽车能自动带你过去。

　　在万物互联的今天，我们时刻享受着科学技术带来的便利体验：坐在电脑前就可以浏览国内外新闻，观看世界杯比赛，可以不出门便知天下事；清晨不用自己起床做饭，电饭煲就能帮你把饭按时煮好；爸爸妈妈每天上下班时，汽车就能在固定时间点自动打开空调自动预热或制冷；打开手机浏览器，手机竟然能知道你的喜好……这一切便利都是科技带来的。

　　科技的发展让我们享受了太多的红利，我们在赞叹祖国越来越强大的同时也在赞叹这些新时代的科技。但是这一切如果被坏人利用了会有什么后果呢？比如我可以用手机控制我的车辆，那别人如果也可以用他的手机控制我的车辆，可以远程打开车窗、车门、车载空调，甚至在开车的时候别人也可以对我的车辆进行远程加减速、远程急刹车！记得有一部电影里面讲述的就是未来科技。某一天大街上行驶的车辆，突然被黑客控制，不听车主使唤任意加减速，任意转向，所有的车辆都成了"僵尸车"，然后它们集中在一起，向提前设定的地点冲去……这些万一成了现实，真是太可怕了！科技真是一把双刃剑，给我们带来极大便利的同时，也暗藏了太多未知的风险。目前我们国家乃至世界上都陆续出台了汽车的数据安全保护法及管理办法。欧盟甚至出台了相关法规规定，没有数据安全保护的车

辆无法在欧洲售卖！而随着物联网的兴起和发展，越来越多的行业都需要加强数据安全防护。

通过这次体验，我了解到了这些科技的作用与风险，随着互联网在我们生活中应用得越来越多，我们生活中的风险也会变得越来越多。我们关注科学技术的发展和应用，但也不能就此忽视了它可能带来的危害。演示人员给我们展示的内容给我留下了深刻的印象。我们一定要加倍努力学习文化知识，长大了争取能为祖国的科技发展贡献自己的力量。

（孟令轩／文　指导教师／于雪妍）

指导教师说

数据安全管理工程师是网络安全大方向下网络安全运行与维护岗的一个细分岗位。小作者体验的是汽车数据安全工程师的工作，在智能汽车的使用过程中，从数据采集到传输，再到处理使用，全生命周期都有网络安全和数据安全风险的问题。随着大量新技术和网联功能的引入，信息安全风险增加，所以数据安全管理至关重要。

小作者通过参观汽车实验室、汽车信息技术工艺、热处理工艺、汽车零件的机加工工艺及汽车数据安全管理生产线，对汽车信息技术有了初步的感性认识；孟工程师用多媒体做了关于汽车信息安全工艺的介绍，使小作者了解了我国汽车工业的发展史，了解了信息技术高速发展背景下我们国家的劳动人民艰苦奋斗的创业精神，在体验的过程中对数据安全有了系统的认识。在平常教学中我们也应该培养孩子们观察问题、分析问题、解

决问题的能力。

　　数据安全管理师需要具备分析问题的能力，具备算法、感知、控制、编程等计算机应用能力，拥有其他专业知识、技术服务、文档编写等多种知识和技能，需经过一定的学习和训练才可以满足行业要求。如果有小朋友立志成为一名数据安全工程师，那么要从小认真学习各门课程，尤其是培养自己的思维分析能力和实操能力，为以后的发展做好充分的准备。

FOUR 4 系统测试工程师

职业编码：2-02-99

职业定义

　　系统测试工程师是软件系统最后的"体检医生"。系统测试的目的是对最终软件系统进行全面的测试，确保最终软件系统满足产品需求并且遵循系统设计。系统测试过程是 SPP 模型的重要组成部分，对研发出的产品（硬件、软件）进行完整的系统测试，保证其本身性能正常运行，并在系统测试前制订全面的测试计划，测试后提供完整的测试报告，保证其完整性资格要求。

主要工作任务

　　1. 设计测试方案和测试用例，完成测试用例、脚本及测试代码实现的任务，搭建测试环境；

　　2. 负责测试工具的概要设计和详细设计工作，编写代码并进行调试、维护；

　　3. 完成系统测试工作，包括功能、性能、可靠性等测试；

　　4. 记录测试情况，编写测试报告反馈给相关部门，跟踪问题解决情况。

来源：新职业体验导师提供

职业畅想

作者：顾淼　　　　　　　　　　　　班级：512班

学校：杭州市文海小学　　　　　　　指导老师：王志彦

身边探究

在你的日常生活中，哪些你看到的或者你用过的东西，或者你参与的事情，可能与系统测试工程师的工作有关系？ 在你的想象中，他们应该做什么？

分享者黄楚珅：我想，测试工程师这个职业是一个非常需要细心、耐心和责任心的职业，只有对同一个产品反复进行测试验证，才能保证产品质量更好，我感觉我们平时学习也需要认真、仔细、用心，这样才能保证每天在课堂上听到的内容都记到脑子里，将知识掌握得更牢靠。

 ## 未来的我

如果 20 年后你成为一名系统测试工程师，你会为这个世界做什么呢？

分享者施浩宇：我想要世界上所有的软件都是安全的，没有一点瑕疵能从我手中逃脱。

 职场访谈

> **职业体验者：** 杭州市文海小学 512 班　黄屹新
> **职业体验导师：** 浙江中自庆安新能源技术有限公司系统测试工程师　王志彦
> **访谈地点：** 浙江中自庆安新能源技术有限公司

黄屹新：如果我们想要成为一名系统测试工程师，除了学历上达到本科之外，还有什么任职要求？

王志彦：还要做到，英语四级及以上水平，英语读写熟练；3 年以上系统测试经验，有一定的系统兼容性和可靠性测试知识，熟悉各类操作系统；了解国产化平台的系统架构知识；了解 Linux 平台以及 Linux 指令和 Debug 方法；有良好的表达和协调能力、文档编写能力及团队合作能力。

黄屹新：一个产品从开发到测试完成，整个周期要多长？

王志彦：开发一个新产品首先要产品立项，产品经理或者产品工程师搜集整理需求说明书，然后召开立项和需求会议，将需求分解后，进行开发实现，最后要经过软件/硬件/嵌入式开发的自测，再提交到系统测试，经过现场测试，一直到现场验收测试，整个周期下来，简单的工具类的项目要 1 个月，大的复杂的项目起码要 2 个月。

黄屹新：测试基本分类是怎样的？

王志彦：按测试阶段分，单元测试、集成测试、系统测试、验收测试；按测试包含的内容分，功能测试、界面 UI 测试、安全测试、兼容性测试、易用性测试、性能测试、压力测试、负载测试、可靠性测试、健壮性测试；按测试技术分，黑盒测试、白盒测试。

黄屹新：测试的意义是什么？

王志彦：测试是为了尽可能多地提前发现产品缺陷，及时解决这些产

品问题，以便提高产品的质量，使产品更好用，更稳定。

黄屹新：测试计划里面的测试环境是指什么？

王志彦：测试环境是指产品测试所需要搭建的服务器和硬件及软件程序工具等必备测试环境，例如你的服务器的配置是什么CPU、多少内存、硬盘多大等等。

黄屹新：测试用例的理论预期结果和实际输出结果计划里面的测试环境是指什么？

王志彦：理论预期结果是根据需求和预定的操作步骤，预想出来会得到的结果；实际输出结果是测试人员根据需求，以及用例操作步骤，按照步骤一步一步执行下来实际看到的结果；如果实际输出结果和理论预期结果不一致，则这条用例测试没有通过，需要到bug管理系统里提交问题单给开发人员，再进行后续处理。

黄屹新：什么是bug管理系统？

王志彦："bug"一词的原义是"臭虫、虫子"。但是现在，在电脑系统或程序中，如果隐藏着的一些未被发现的缺陷或问题，人们也叫它"bug"。bug管理系统其实就是测试人员提交bug的一个管理页面，我们提交bug，显示红色，分派bug给开发人员；开发人员如果解决了，会把问题状态改成已经解决，变绿色，我们就会去验证这个bug是否解决；最终如果解决了，测试人员会把这个bug关闭掉，变成灰色。

黄屹新：什么是回归测试，为什么要做回归测试？

王志彦：回归测试是指新程序由于修改了旧代码后，重新进行测试以确认修改没有引入新的错误或导致其他代码产生错误。回归测试在每次开发、发布新程序的时候，都要执行一遍。回归测试作为软件生命周期的一个组成部分，在整个软件测试过程工作量中占有很大的比重，软件开发的各个阶段都会进行多次回归测试。所以我们平时只有大版本发布的时候，

才会进行一次回归测试。

黄屹新：系统测试工程师的工作累吗，加班多吗？

王志彦：系统测试工程师工作属于计算机行业，加班是比较多的，其实工作强度是直接和项目紧急程度有关的，如果这个项目开发计划时间短，我们工作就会累一些，平时工作到晚上7点或8点才下班是常有的事。

 ## 体验分享

神奇的职业探寻之行

系统测试工程师这个职业听起来是不是很威风？今天我很荣幸跟着笑哈哈阳光小队成员一起去探寻这个职业的神奇之处。

我们探寻的地点位于杭州钱塘区下沙中自科技园，这里有几幢高楼簇拥在一起，园里的工作人员忙忙碌碌，看起来大家都在从事重要工作。

我们探寻的第一步是培训。培训内容一共包含四大部分：公司简介、产品开发流程、系统测试、系统测试过程。培训的老师先给我们介绍了产品开发流程，即立项、开发、测试、验收和发布，接着给我们讲了测试的意义和测试分类，最后老师告诉我们系统测试工程师的具体工作。系统测试工程师是软件系统最后的体检医生，系统测试的目的是：对最终软件系统进行全面的测试，确保最终软件系统满足产品需求并且遵循系统设计。系统测试过程是简并行过程（SPP）模型的重要组成部分，对研发出的产品（硬件、软件）进行完整的系统测试，保证其本身性能正常运行，并在系统测试前制订全面的测试计划，测试后提供完整的测试报告，保证其完

整性资格要求。听完了讲师的介绍，我终于知道了系统测试工程师的神奇之处，因为他们是软件系统安全的保障，就像我们生活中的医生，保障我们的身体健康。

讲师培训课程结束，下一步是参观测试实验室。我们参观了启动实验台，看到了各种测试的工具和测试报告，我非常佩服工作人员，他们能测试这么多内容，并提出准确的整改方案。讲师跟我们说，因为每一个系统测试工程师都具有较强的计算机技术背景，熟悉计算机系统结构及软硬件测试技术，熟悉系统软件、应用软件的安装配置及测试程序等等，并且还细心、耐心，具有团队协作精神和良好的沟通能力。

这次职业探寻之行结束了，我发现系统测试工程师虽然听起来很神奇，但是它并不是那种风光外显的工作，它是一个很需要细心、耐心和责任心的职业，事情看起来很小，责任很大。这也让我知道每一份工作都很重要，每一个产品研发都离不开工作人员默默无闻的贡献。

我不禁好奇："为什么要测试呢？"培训老师说，测试就像一个医生给孩子体检，看看新做出来的软件和硬件产品到底哪里不够完美，然后对其进行优化，使产品更好用。用培训老师的专业说法来讲呢，测试就是为了尽可能多地提前发现产品缺陷，及时解决这些产品问题，以提高产品的质量，使产品更好用、更稳定。我觉得我们的学习过程也是一个自查过程，做作业的时候，检查就是一个简单的自我测试，检查通过，交给老师，拿到满分，就能开心过周末啦！

系统测试工程师这个职业是经常会用到电脑的，我刹那间想到一个词"996"，难道这个职业也是要天天上午9点上班，晚上9点下班，一周工作6天吗！于是我赶紧问培训老师，系统测试工程师工作累吗，加班多吗？听了培训老师的回答，原来真的如我所料，系统测试工程师加班比较多。而且加班多少是由项目紧急程度来定的，如果这个项目开发计划时间短，工作就会累一些。平时都是工作到晚上七八点下班。这个工作真辛苦啊。

　　培训老师给我们讲解了系统测试工程师的工作内容，带我们参观工作室，我发现系统测试工程师这个职业是一个非常需要细心、耐心和责任心的职业，只有不断地反复地对同一个产品进行测试验证，才能保证产品质量更好，我们平时学习也需要认真仔细和更用心，才能保证每天老师课堂上教的东西都学到自己肚子里，使知识掌握得更牢固。

　　通过这次对系统测试工程师这个新职业的培训和体验，我深深地感觉到，我们在平时的生活和学习中都需要耐心、细致，每一步都要像执行测试用例一样，课前预习，听课专注，课后及时复习，认真完成老师布置的每一项作业，那么我们一定能取得更好的成绩！

（方焕之 / 文　指导教师 / 鲁萌）

体验者们与导师亲切交谈（施浩宇 / 图）

职业体验者列队等待老师讲解（黄屹新／图）

指导教师说

　　系统测试工程师未列入《中华人民共和国职业分类大典（2022年版）》中，但它随着智能与数字技术的成熟，在各行业中起着越来越重要的作用，它是软件系统最后的体检医生，系统测试的目的是对最终软件系统进行全面的测试，确保最终软件系统满足产品需求并且遵循系统设计。系统测试过程是SPP模型的重要组成部分，对研发出的产品（硬件、软件）进行完整的系统测试，保证其本身性能正常运行，并在系统测试前制订全面的测试计划，测试后提供完整的测试报告，保证其完整性资格要求。

　　系统测试工程师需要具备电子、软件工程、计算机软件、通信工程、自动化等相关领域的知识，需要精通计算机和软件等要求。为了软件快速投入市场，为了软件能够达到市场要求，也为了软件的安全，系统测试工程师起到了举足轻重的作用。同学们如果想成为一名优秀的系统测试工程师，应该从小建立自己的目标，为之行动，为之努力，为之奋斗。

5 数字孪生应用技术员

FIVE 5

职业编码：4-04-05-10

职业定义

使用仿真技术工具和数字孪生平台，构建、运行维护数字孪生应用，以监控、预测并优化实体系统运行状态的人员。

主要工作任务

1. 安装、部署数字孪生平台，搭建并维护数字孪生体的开发环境、运行环境及验证环境；

2. 应用数字化仿真建模技术及工具，导入、配置、构建数字孪生模型，部署并维护数字孪生模型；

3. 应用机器学习、增强现实、虚拟现实、混合现实等技术，建立数字孪生模型与物理实体的数据映射关系；

4. 运用虚拟调试、自适应优化和数字化模拟验证技术，进行数字孪生应用的调试优化及功能验证；

5. 应用数字孪生平台，采集并处理物理实体数据，驱动数字孪生应用；

6. 进行数字孪生应用的维护更新、优化升级，提供诊断、预测预警建议。

来源：《中华人民共和国职业分类大典（2022年版）》

职业畅想

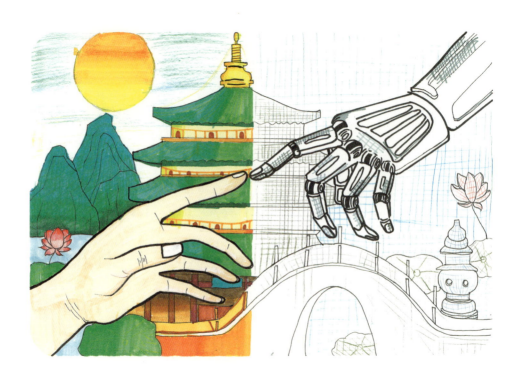

作者：童欣程　　　　　　　　　班级：708班
学校：杭州市文海启源中学　　　指导老师：韩珊珊

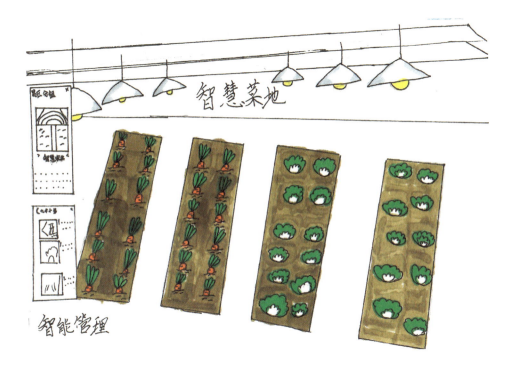

作者：王柯诺　　　　　　　　　班级：311班
学校：杭州市钱塘区文清小学　　指导老师：沈垚煜

身边探究

在你的日常生活中，哪些你看到的或者你用过的东西，或者你参与的事情，可能与数字孪生应用技术员的工作有关？在你的想象中，他们应该做什么？这个工作对生活有什么帮助？他们主要的工作内容是什么？具备哪些技能才能从事这项工作？

分享者曹文皓： 今年春节我看了电影《熊出没》，电影中的"熊妈妈"是通过科学技术诞生的，还会完成各项任务、指令，我觉得这也是数字孪生技术科技仿真的一种应用吧。

分享者池乔琪： 现在网络上都在说人工智能、工业母机技术的应用，我觉得数字孪生技术能给我们国家科技的发展带来帮助，可以缩短科技人员开发新产品、新技术的周期，在降低企业成本的同时，也提升了研发成功的概率。

分享者顾可可： 我觉得只有把当前的学习搞好了，以后才能适应时代的发展，才能掌握新科技、新技术。要应用数字孪生技术，我觉得首先要有非常敏捷的数学思维和较好的计算机语言开发能力。

 ## 未来的我

如果 10 年后你成为一名数字孪生应用技术工程师，你会为这个世界做什么呢？

分享者童欣程： 如果我将来成为数字孪生技术工程师，我会开发一套完整的初中科学教学仪器，使同学们能够通过电脑全真地进行各项实验操

作，在娱乐中掌握知识，将知识和实践相融合。

分享者叶一凡：如果我将来成为数字孪生技术工程师，我会更好地服务现代农业，研发设计出新型农业机器人，帮助农民伯伯完成体力活，解放农民伯伯的双手，让农民伯伯获得更好的幸福感。

分享者章佳萱：如果我将来成为数字孪生技术工程师，我会不断开发新型机器人，帮助妈妈做家务、照顾小妹妹，让爸爸妈妈不用那么辛劳。

 # 职场访谈

> **职业体验者：**杭州市文海启源中学 708 班　卢涵宣
> **职业体验导师：**杭州职业技术学院教师、浙江省劳动模范、全国技术能手、浙江工匠、浙江金蓝领称号获得者　王赟
> **访谈地点：**杭州职业技术学院数字孪生基地

卢涵宣：王叔叔您好！我是杭州市文海启源中学的卢涵宣。

王赟：卢涵宣你好！

卢涵宣：国庆期间我们学校有个对新职业认知的社会实践活动，爸爸说你就是最佳的访谈对象，所以国庆期间来打扰你，同时我也希望通过这次社会实践活动对新职业有个认知。

王赟：非常高兴你对我们的职业感兴趣，你想了解什么内容？我一定知无不言。

卢涵宣：谢谢您，王叔叔，我想问一下您目前从事的工作岗位是什么？

王赟：我目前在杭州职业技术学院任教，主要从事机械类课程的教学

活动和数字孪生技术的设计与研发工作。

卢涵宣：啥叫"数字孪生技术"呀？是数字双胞胎的意思吗？感觉这个词特别有新鲜感！

王赟：嘿嘿，你说得不全对，但也有点靠边。数字孪生技术就是利用数字仿真技术把复杂的机械问题简单化，先在计算机上利用软件针对某一技术问题进行数字化建模及仿真，方案优化后再应用于实际开发中去，缩短开发周期，节约成本。

卢涵宣：嗯……嗯……（还是一脸的茫然，好像有点明白，但又有点模糊。）

王赟：简单地说，就是数字化开发成功后"克隆"出一个真实的机械产品，也就是你所说的"双胞胎"概念。

卢涵宣：哇！这个技术好厉害呀！那它对我们的生活、学习有什么帮助吗？

王赟：数字孪生技术可以应用在医药器械、航空航天、智能汽车、桥梁建筑、智能化工厂建设等方面。

卢涵宣：我还是有些似懂非懂，有没有具体的案例给我展示一下，帮助我理解消化。

王赟：你看我电脑上刚好在为一家企业做一个案例。我电脑上的这个软件对企业装备进行优化布局，由这个 MIS 系统（管理信息系统）优化每个工序，整个流水线将得到最优化。通过数字化实验即可完成原先繁杂的工序调整。用电脑进行数字化处理后，再把企业真实的设备根据这个进行复制布局即可，这样可以省去很多时间和费用。

卢涵宣：好像有点概念了。数字孪生技术就是利用数字仿真技术把复杂的机械问题简单化，先在计算机上利用软件针对某一技术问题进行数字化建模及仿真，方案优化后再应用于实际开发中去。缩短开发周期，节约成本。我这样理解对吗？

王赟：嗯嗯，是这个意思。

利用数字孪生技术对机械部件进行加工（卢孔宝／提供）

卢涵宣：我听爸爸说您在这方面是专家，也获得过很多高级别的荣誉，你能简单跟我们聊聊吗？

王赟：这几年国家在大力发展新职业、新技术，我也算是刚好抓住了机遇。刚毕业时，我在杭州汽轮机股份有限公司工作，在那里接触到了数字孪生技术，然后就开始着迷，疯狂地去学习技术，参加了一些全国技能类竞赛，成绩被认可，我也很开心。

卢涵宣：王叔叔，您是数字孪生技术专家，我的理解是，数字和数学一定存在联系，那您的数学一定特别棒吧。

王赟：数字孪生技术涉及的不仅仅是数学一门学科，它是一个多学科交融的产物，不过你想加入数字孪生技术行业的话，确实需要把数学学好，你要加油哦。

卢涵宣：嗯，我会向王叔叔学习，一定刻苦钻研。

王赟：那我现在带你去参观一下我们的实验室吧，刚好有条流水线在做数字孪生的优化。

卢涵宣：嗯，好的，太期待了。

王赟：好，那我们走吧。

参观数字孪生技术车间（卢孔宝/提供）

 ## 体验分享

奇幻的数字孪生技术世界

今天我比平常更加兴奋，早早地就起床做好了准备工作。期待着今天和数字孪生大师的访谈。爸爸作为我的伴随者一同前往。出门前我还把我的访谈包又检查了一遍，笔记本、照相机、笔……生怕遗漏了什么。

　　此次访谈地点是杭州职业技术学院数字孪生基地，访谈的对象是浙江省劳动模范、全国技术能手、浙江工匠、浙江金蓝领称号获得者。一听被访对象那么多的名头，就知道肯定是一个了不起的人物，我怀着敬畏的心期盼着。

　　来到了目的地，刚下车一个30来岁模样的叔叔就向我们走来，满脸微笑。他和爸爸亲切地交谈了起来，我脑海里一连串的问题在盘旋着：这位不起眼的叔叔就是今天的访谈对象？这位叔叔跟我爸爸很熟悉吗？……正当疑虑在我头脑中盘旋的时候，这位叔叔竟先开口跟我说话："你爸爸是我的师兄，前几天跟我说，你要约我做个访谈，希望今天能给你一个满意的结果哦。"

　　此时，刚才的疑虑都被解开了，真是人不可貌相，海水不可斗量呀。那么年轻的一个叔叔竟然是一位国家级的数字孪生技术专家。

　　到了王老师办公室后，我的访谈任务也正式开始了，虽然过程有点紧张，但是我也是做过准备的，在多个回合的访谈后，我对数字孪生技术有了一定的认识和了解：数字孪生技术就是利用数字仿真技术把复杂的机械问题简单化，先在计算机上利用软件针对某一技术问题进行数字化建模及仿真，方案优化后再应用于实际开发中去以缩短开发周期，节约成本。王老师在电脑上给我看了一个近期在做的数字孪生案例：通过电脑上的数字软件对企业装备进行优化布局，由MIS系统优化每个工序，整个流水线将得到优化。通过数字化实验即可完成原先繁杂的工序调整。用电脑进行数字化处理后，再把企业真实的设备根据这个进行复制布局即可。这种新技术相比传统的设备布局可以省去很多的时间和费用。

　　访谈结束后，王老师为了让我更加直观地了解数字孪生技术，还带我参观了数字孪生基地。

参观数字孪生基地

王老师带着我们来到了一间小办公室，只见房间里的技术员们对着电脑进行数字建模和数据计算，还有各类信号灯在不停地闪烁着。这似乎与访谈中提到的数字孪生技术不是一个概念呀，咋更像是一群人在"打网络游戏"？我的心里充满了疑惑。

王老师似乎也看出了我的疑惑，他说："不要着急，凡事都是先有基础再有累积的，我们现在看到的是一个底层数据搭建。"我恍惚的眼神竟然出卖了自己，不愧是专家级人物，不仅技术实力杠杠的，还能读懂我的心理，我由衷地佩服他。

参观了几个办公室后，终于来到了数字孪生基地，眼前一个大屏幕立马吸引了我，仿佛是谍战片里面的数字化作战指挥台，特别带劲，特别有神秘感。面板上有很多板块，展示出不同的数据、柱状图、进程条等。

王老师跟我说这就是数字孪生技术的展示台，项目组成员开发的数据都会在这个面板上展示出来，达到最佳匹配状态后，进行各类环境下的模拟运行，最终智能筛选出最佳方案，这就是数字孪生技术的展示，可以省去很多布局和实验，节约了大量的人力、物力、财力。

"武汉疫情的火神山方舱医院在短短 10 天时间内就建成，也是用了数字孪生技术吗？"我好奇地提出了这个问题。

"疫情期间让世界竖起大拇指的 9 天交付火神山方舱、12 天建成雷神山医院等行动，高度体现了中国速度，这里面就有数字孪生技术的功劳，土质分析、结构优化、组件施工等通过高速计算机进行仿真模拟，大大节约了研发周期……数字孪生技术可以应用在医药器械、航空航天、智能汽车、桥梁建筑、智能化工厂建设等方面。"王老师满脸洋溢着自豪的笑容。

通过这次去数字孪生基地的参观，我为中国的先进制造、智能制造感

到自豪，似乎也突然明白了学校安排这次新职业认知社会实践活动的深层含义。

梦醒，立志

通过这次数字孪生新职业的访谈和体验，我更加明白，在未来，只有知识才能与危机争夺胜利，只有知识才能为胜利赢取更多的机会，只有知识才能为人们的生命、财产提供保障。在当前疫情下，数字化管理、数字化信息，为守住无疫校园提供了保障。我想这也是数字孪生技术的一种应用吧，数字孪生技术已经来到了我们身边。

我暗暗下定决心，从现在开始我要好好地学习文化知识，扎扎实实地练好基本功，为今后进入数字孪生技术行业奠定基础。

（卢涵宣 / 文　指导教师 / 韩珊珊）

 ## 指导教师说

数字孪生又称"数字双胞胎"，它可以将工业产品、制造系统、智慧城市等复杂的结构、状态、性能映射到数字化的虚拟世界中去。随着人们生活节奏加快、智能化信息不断扩容，随着三维数字化建模、工程仿真、人工智能、云计算等技术的广泛应用，对于产品、装备、生产线、工厂、建筑、道路、桥梁，乃至整个城市，都可以建立三维数字化虚拟世界。因此科技使传统行业的设计、施工流程发生了巨大变化。

目前数字孪生技术应用最为广泛的行业是智能制造领域。工程师们在制造企业中研发新产品时，可以借助产品数字孪生模型来优化设计方案。工程师们在工艺规划阶段，可以通过对其数字孪生模型的检查，确定每个零件是否能够制造出来，零部件在装配时是否相互协调。工程师们在制造过程中，可以建立生产设备、生产线、车间，乃至整个工厂的数字孪生模型，通过采集和分析制造数据，实现高效排产，提高设备利用率，及时发现生产质量问题。工程师们在产品售后服务阶段，可以通过安装视觉、温湿度、压力、振动、位移、速度等各类传感器来监测其运行状况，提升产品运行绩效，进行故障预测和预测性维修维护。数据表明，数字孪生技术使得工程师平均响应时间从 300 分钟缩短到 15 分钟，一次性修复率从 75% 提升到 92%，从数字上可以很直观地看出来，数字孪生技术的应用对生产效率有明显提升的作用。

每一次实践都是一次成长，每一次体验，总有新的感受：从前期的资料查阅到采访前的精心准备，从满腹疑惑到初步了解，从对数字孪生技术的大胆设想到具体了解后的深刻设想。在探索新职业的社会实践中，孩子们不仅增进了对一个职业的了解，更多的是了解科技如何改变我们的生活。数字孪生技术推动着技术创新和产业革新，使我们的生活更智能、更绿色、更安全，使社会得以持续发展，它将在我国建设制造强国和数字中国的进程中发挥重要作用。数字孪生工程师必然成为人才争夺焦点。

第3章
创新管治
——探索建立组织管理新方式

　　管治就是管辖治理。创新管治是一种新的资源整合、组织管理的方式，它不仅体现在更新岗位设计和工作流程中，更体现在对组织结构、激励和约束制度、组织行为、管治规范、管治方法和管治技术以及文化整合所进行的系统性的调整中。

　　在构建治理新型关系的过程中，在政府、企业、社区各领域中都开展了全方位的实践探索，逐步形成从"管控型"转向"服务型"的治理新思路、社会资源配置优化治理的新机制、网络化时代的公共治理新技术及党建引领基层治理的新途径。没有永远的最新，只有永远的更新。我们将会看到更多来自社会各阶层的令人惊喜的治理智慧。

ONE
1 企业经理

职业编码：1-06-01-02

职业定义

在企业中，经董事会或出资人聘任，或经职代会选举，或经上级任命的企业负责人。

主要工作任务

1. 执行董事会和个人独资、合伙制企业出资人决议或职工代表大会作出的决定；

2. 领导企业日常经营管理工作；

3. 拟定或决定企业内部机构设置；

4. 按公司规定的职权范围，行使人事聘任、解聘或任免权；

5. 决定或议定企业的基本规章制度；

6. 行使相关法律规定的其他职权。

来源：《中华人民共和国职业分类大典（2022年版）》

职业畅想

作者： 周芷欣、徐妍   班级： 709班

学校： 杭州市文海中学   指导老师：陈冠

作者：沈乐怡、姚思远　　　　班级：709班

学校：杭州市文海中学　　　　指导老师：陈冠

 ## 身边探究

在你的日常生活中，哪些你看到的或者你用过的东西，或者你参与的事情，可能与企业项目经理的工作有关系？在你的想象中，他们应该会做什么？

分享者陶奕潼：我对企业经理这个职位的具体内容是陌生的，他应该是一个项目的经理，是带头人，会带着一大帮人一起完成项目。负责协调处理项目部的内部与外部事项。

分享者周芷欣：在去体验前，听到企业经理这个名词，我心中第一感觉是在这个岗位上的人应该是在公司里担任了一个干部的职务，他应该将相关的工作分配给下属员工，然后员工应该按照他的要求执行任务就可以了。

 ## 未来的我

如果 20 年后你成为一名企业经理，你会为这个世界做什么呢？

分享者周芷欣：人们通过无限量云信息平台交流，信息传递超光速。企业经理将信息传递到云主机，分板块、区域与团队和客户共享。通过大脑神经元放电就能完成项目交流，这样能做到高效、精准、零接触，完全杜绝疫病传播。期待未来我成为这样的一名企业经理。

分享者徐妍："大家都准备好了吗？那我们准时开会。"我点击鼠标，10 位同事的头像立刻浮现在空中。我是企业经理，我们正在召开云会议，讨论如何举行新式汽车照明系统宣传推介会。一个崭新的汽车模型全息投影在半空中 360 度匀速转动，以便我们全方位看清楚。"你负责人员安排。""你负责前期宣传。""你负责场地整理……""现在，我们一起来看一下推介会现场效果图。"我点击鼠标，一个 3D 立体展台效果图就立刻呈现在空中，酷炫的设计引来大家纷纷称赞。作为企业经理，虽然我不一定是能力最强的，但我能安排好每个人的工作，使大家充分发挥出自己的能力。我热爱我的工作和团队。

分享者沈乐怡：我们的公司是制作天气的，是世界上独一无二的公司，我很荣幸成为一名企业经理。我负责管理、监督员工们的工作，每天我都组织大家开会。在天空中坐着飞椅，穿着厚而轻便的衣服，我会根据人们送上来的气球信和建议创造不同的天气，是不是超级酷？

分享者姚思远：以前，企业经理给我的印象就是一位穿西装的严肃叔叔，神气地指挥员工们干活。但现在我了解到，企业经理的工作远不止这些。安排质量、设计、技术人员分工，与客户对接提取新项目、计算项目截止日期、组织团队召开项目会等等，想要做项目经理还真需要十八般武艺样样精通！

 ## 职场访谈

职业体验者：杭州市文海中学 709 班　钱质文、沈乐怡、周芷欣、徐妍、陶奕潼、王戡、姚思远、杜沛达
职业体验导师：浙江三花汽车零部件有限公司项目经理　陆颖翀、司元元
访谈地点：浙江三花汽车零部件有限公司

钱质文：司老师，您好！企业经理的工作任务那么多，请问做项目经理最有意思的事情是什么？

浙江三花汽车零部件有限公司项目经理（司元元／提供）

司元元：最有意思的事就是能够把产品从图纸上搬到工厂里实现工业化，看着产品上车这个过程，然后是团队配合，一大帮子人（可能上百甚至更多）在全球实现工业化。

陶奕潼：司老师，做企业经理会遇到哪些挑战？你们都是怎么应对的？

司元元：企业经理会遇到很多挑战，例如项目延期、人员流失、客户要求增加而内部不能满足、内部不稳定、截止日期太早等等，这些都是工作中会遇到的困难。有时也会遇到项目亏本的情况，要么就是成本上升（预算疏漏），要么就是执行时没有管理好，导致成本失控。但你不能放弃，不能被挫折打败，就像唐僧去西天取经一样，只要你坚定信心，想办法解决问题，就能把事做好。

徐妍：司老师，要做企业经理，对学历方面的要求是什么？对专业有

要求吗？

司元元： 其实对于企业经理这个岗位，是没有特别硬性的学历和专业方面的要求的。但是由于三花接触的是全球比较专业的业内人士，再结合三花本身产品，我们会要求本科及以上的学历，优先考虑理工科背景的人。不是说不满足这两个条件一定不好，只是说考虑到项目的重要程度，客户对专业度的要求，以及公司和个人更为长远的发展，我们考虑这个标准。

王戡： 陆老师，成功的企业经理是什么样子的？

陆颖翀： 最成功的企业经理的样子是，对外得到客户认可，对内得到团队同事认可。首先是要有很好的领导力，最出色的企业经理是具有实践思维过程的创造性领导者。他们通过自己的想法激励人们。尊重每个人是一个伟大的企业经理的直观品质。其次就是团队内部的沟通了。就像乐队里面有小提琴手、萨克斯手一样，开发团队中也有开发人员、测试人员、部署配置人员、产品设计人员。如果这些人员各行其是，这个项目是肯定要失败的。项目经理的首要职责是做好团队内的沟通工作，保证大家的工作协调一致，不会产生冲突。和客户的沟通也是很重要的。因为开发团队中的大多数人是不和客户直接接触的，项目经理是团队和客户沟通的桥梁。

其次，优秀的企业经理也是一个超级有效的问题解决者。他们乐于接受反馈，并运用批判性思维来提出有效的解决方案。他会评估许多方面，以找到最佳解决方案。优秀的企业经理不会一遇到问题就找领导，很多人容易犯的错误就是把问题抛给领导，然后怪领导不支持你的工作，不解决你遇到的问题。记住，领导只是做决策的，而不是帮你想解决方案的，否则要你干啥用？举个例子，当项目部人手不够，需要申请人员时千万不要直接告诉领导人手不足就完了，一定要告诉他人手不够有什么样的后果，有几种解决方案，每种方案的优缺点是什么，然后请领导来选择一个方案。

最后就是风险的控制，例如时间上的风险，不能延迟；资金上的风险，不能超预算；如何达到资源最优化配置；等等。有经验的企业经理要平衡把握好各方面。

杜沛达：陆老师，三花有那么多知名客户，拿下这些客户难吗？

陆颖翀：难！三花也不是一开始就能啃下这些高端客户的。举个例子，五年前宝马来三花，不到两小时就准备改签机票走人了。他们觉得三花作为一个普通的二级汽车配套商，不具备给宝马做配套商的资格。一年后，三花的积极整改和进步，让宝马惊呆了，开始了项目的接洽。这五年来，三花完成了从二级配套商到一级配套商的转变。不仅给宝马配套，还给迈巴赫、法拉利这样的豪车配套，也给精益求精的日本本田、丰田等配套，基本给所有的新兴的新能源车企配套了。三花的发展进步其实也是根据这些客户的高要求不断学习取得的。困难肯定是有的，但是只要我们有决心，有学习力、行动力，一块块硬骨头都可啃下来。

浙江三花汽车零部件有限公司项目经理（陆颖翀／提供）

周芷欣：陆老师，企业经理可以做总经理吗？

陆颖艸：有很多优秀的企业经理成长为总经理。近期，有一些在海外发展的公司，他们的总经理就是由企业经理转换过来的，因为企业经理具备财务知识、风险意识、组织协调能力等等，所以企业经理是可以做总经理的。

姚思远：陆老师，项目组由哪些人组成？

陆颖艸：主要是由销售人员、技术人员、质量人员、工艺人员、生产人员、财务人员所组成的一个小团队，有时候人员出现问题也要拉 HR 进来，所以一个项目组基本上就是一个完整的运营单元了。

沈乐怡：陆老师，做项目会亏本吗？

陆颖艸：有时也会遇到项目亏本的情况，要么就是成本上升（预算疏漏），要么就是执行时没有管理好，最后一道防线是业务无法满足客户端要求，失去市场竞争力。但你不能放弃，不能被挫折打败，就像唐僧去西天取经一样，只要你坚定信心，就能把事做好。

钱质文、徐妍等 8 位职业体验同学：谢谢司老师和陆老师，我们以后也要努力当一名企业项目经理。

体验分享

企业经理

今天，我和同学一行来到了浙江三花汽车零部件有限公司。在出发来此的路上，我的脑袋里冒出了许多"问号"：三花三花，这"三花"究竟是哪三种花？它所生产的部件都有哪些种类呢？知名度又如何？……带着这些疑问，我和同样好奇的同学们迈进了气势宏伟的工厂大门。

不一会儿，我的疑问就得到了解答：原来这"三花"指的是"科技之花""人才之花"和"管理之花"。有了这三朵"花"，公司才能得到茁壮成长。通过讲解员姐姐的介绍，我了解到这个公司从最初生产各种铁器零件，到后来的冰箱和空调的研发，再到如今的汽车零件生产线，经历了许多艰辛和坎坷。除此之外，这个发展速度令人吃惊的集团，在短短四十年间就拥有了几千项发明专利，还在全球各地都有分工厂，很难想象公司的领导是怎样支撑起这个伟大的产业的！

不仅如此，我们还去参观了事业二部泵类产品部的车间。穿上厚厚的防静电工作服，穿过一道道烦琐的安全消毒系统，我们来到了汽车零件生产的秘密基地。眼下只有几个为数不多的员工在操作着几台巨大的机器。热情的工人叔叔告诉我们，之前车间里都是人，人工操作又存在着许多误差和安全隐患，生产线充满了许多不确定性。而如今，大部分零件的组装由机器完成，省时又准确。看着那无数精巧灵活的机械手臂和秩序井然地穿梭于各个厂部的运输机器人，我不能不感叹中国日益进步的科技水平！

采访两位企业经理的过程同样有趣。原来不只是企业经理，门下也有许多工作人员，如技术人员、设计人员、质量人员，每个人员都发挥着重要的作用。项目经理的职业要求也颇高，除了本科以上学历和项目管理的专业资质认证、团队协作等综合能力，为应对外国客户，雅思、托福级英语水平也必不可少。我深刻感受到，这个世界的改变与进步，也需要我们这一代人的努力与奋斗！

参观三花，不仅使我看到了中国科技的伟大进步，也使我获得了宝贵的前进动力！我们要学习三花这种持之以恒、精益求精的伟大精神，在我

们的漫漫学习之路上迈出重要且正确的一步。

（周芷欣／文　指导教师／陈冠）

 ## 指导教师说

　　企业经理从职业角度而言是指企业建立以企业经理责任制为核心，对项目实行质量、安全、进度、成本管理的责任保证体系和全面提高项目管理水平设立的重要管理岗位。它要负责处理所有事务性的工作，也可称为"执行制作人"。企业经理是为项目的成功策划和执行负总责的人，是项目团队的领导者，首要职责是在预算范围内按时优质地领导项目小组完成全部项目工作内容，并使客户满意。为此，企业经理必须在一系列项目计划、组织和控制活动中做好领导工作，从而实现项目目标。企业经理的工作任务涵盖机器人研究、开发、运用和维护的各个方面，涉及结构、控制、感知、算法、硬件、软件、生产、工艺、计量检定、技术服务以及应用开发等复杂多样的技术领域。

　　企业经理需要具备号召力、影响力、交流能力、应变能力、管理技能、整体意识等多方面的能力，需要经过长期的训练和学习才能满足行业的要求。当下只有认真学习，积极参与各项活动，锻炼自己的能力，今后才有更多从业选择。

2 TWO 企业合规师

职业编码：2-06-07-14

职业定义

从事企业及企业内部成员行为符合法律法规、监管要求、行业规定和道德规范等合规管理和监督的专业人员。

主要工作任务

1. 制定企业合规管理战略规划和管理计划；

2. 识别、评估合规风险与管理企业的合规义务；

3. 制订并实施企业内部合规管理制度和流程；

4. 开展企业合规咨询、合规调查，处理合规举报；

5. 监控企业合规管理体系运行有效性，开展评价、审计、优化等工作；

6. 处理与外部监管方、合作方相关的合规事务，向服务对象提供相关政策解读服务；

7. 开展企业合规培训、合规考核、合规宣传及合规文化建设。

来源：《中华人民共和国职业分类大典（2022年版）》

职业畅想

合规歌

合规摆第一，先从我做起。
合规在心中，时刻敲警钟。
在岗一分钟，合规六十秒。
企业想运营，合规要先行。

作者：陈可欣　　　　　　　　班级：203班
学校：杭州市文海第二实验学校　　指导老师：万星星

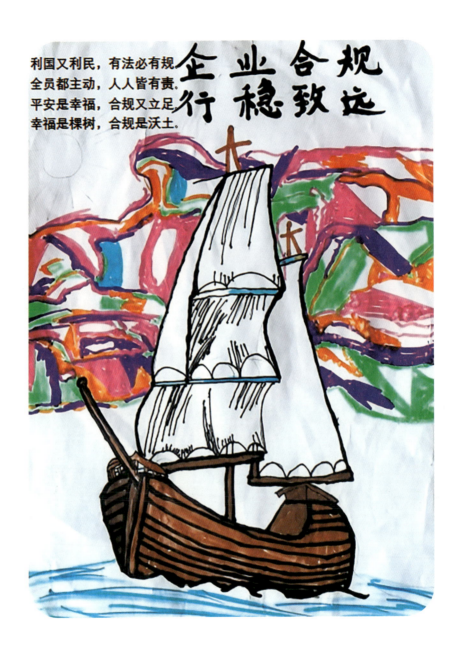

利国又利民，有法必有规。
全员都主动，人人皆有责。
平安是幸福，合规又立足。
幸福是棵树，合规是沃土。

企业合规
行稳致远

作者：陈可欣　　　　　　　班级：203班

学校：杭州市文海第二实验学校　　　指导老师：万星星

身边探究

在你的日常生活中，哪些你看到的或者你用过的东西，或者你参与的事情，可能与企业合规师的工作有关系？ 在你的想象中，他们应该去做什么？

分享者陈希芃：公司合规师就像公路上的交通警察，要求企业的人都要遵守规则。

分享者孙晨恩：就像上课听讲，遵守课堂纪律的人学习效果会更好一样，合规的企业能够收获更多。

 ## 未来的我

如果 20 年后你成为一名企业合规师，你会为这个世界做什么呢？

分享者罗芃：我的梦想是打造"罗芃"牌汽车，它具备最先进的性能、最时尚的外观。当然如果想让它走向更广阔的舞台，得先保证公司是符合相关法律法规的。这也许就是企业合规师的职责吧。

 ## 职场访谈

职业体验者：杭州市文海第二实验学校 203 班　罗芃
职业体验导师：浙江吉利远程新能源商用车集团有限公司经理　汤丹
访谈地点：浙江吉利远程新能源商用车集团有限公司

罗芃：汤经理，您好！您作为企业合规师，能否先介绍一下合规是什么？

汤丹：好的。合规按照字面意思就是符合规范，说得通俗一点就是合乎法律，合乎规章，合乎制度。再扩充的话，就是合乎道德规范等一系列要求。日常生活中的"规范"包括过马路要看红绿灯，上高速不能超速，上车要排队，等等。我们企业中的规范主要是法律要求以及企业的流程制度。

罗芃：那什么是企业合规师呢？

汤丹：企业合规师就是从事企业合规建设、管理和监督工作，使企业及内部成员行为符合法律法规、监管要求、行业规定和道德规范的人员。简单说，首先就是建设公司关键工作的流程，确保关键工作能得到监管，不会触及法律底线；其次就是按照既定流程进行管理；最后定期对相关工作进行检查。

罗芃：企业合规师在企业中扮演了什么角色？

汤丹：企业合规师在企业里就像"防火员"，将一切违反规范尤其是法律的行为提前扼杀，防患于未然。在企业可能面临"惩罚"前，就要做好一系列措施，去预判、预估和管控，进而规避这类风险。所以我把他比作一位"防火员"，而不是"灭火员"。一旦企业着"火"，后果是不堪设想的，所以"防火员"的作用尤为重要。

罗芃：所有公司都有这个岗位吗？

汤丹：现阶段来看，企业合规师是一个新兴的行业，并非所有企业都有合规师。因为合规建设也涉及成本，很多企业会和法务的工作岗位合并。但是在世界500强或者在国内比较知名的企业，以及涉及出口的企业中，合规工程师已经比较普遍。

罗芃：企业合规师作为近几年新兴的行业，发展趋势如何？

汤丹： 如果你看新闻，或者是关注一些社会上的大事，应该也会了解到现在国际形势紧张，中美之间的摩擦不断。在经济方面，美国打着"合规"的旗号制裁了我们中国的一些企业。从大的国际环境来看，一些大型企业为了规避制裁，将会越来越重视合规要求。另外，我国对企业的法制要求也越来越严格，从企业健康发展来看，要求各项工作按照规章制度进行，合规的"法"制也是势在必行。所以结合国内外发展环境看，合规师这个行业将来也是需求越来越多、要求越来越高的行业。

罗芃： 您怎么看现今国际形势下，外部环境对企业合规师的要求？

汤丹： 就像刚才说的国际形势越来越严峻的背景下，企业对合规师的要求也会越来越高。他们需要很专业的法律知识，尤其涉及国外的法律规定、制度规定，还有政策规定等等。还需要一定的评估和预判能力，去应对国际形势的变化。比如说美国的制裁方案，可能随时会调整，这就需要合规师有足够的专业能力和预判能力。

罗芃： 企业合规师的主要素质有哪些呢？

汤丹： 要做好一名合规工程师，首先要有好的职业道德和职业操守。然后就是知法懂法，知规懂规，得储备最基础的专业知识和信息。最后还需很好的沟通和写作能力。因为合规师不仅是对外去评估和预判，还需要协调内部很多机构和职能部门，所以需要良好的沟通、协调能力。比如当政府要去制裁企业的时候，或者我们企业可能涉及一些违规内容的时候，我们需要去说明澄清，这个时候除了专业能力，条理清晰的表达能力也尤为重要。

罗芃： 企业合规师目前的就业形势怎么样？

汤丹： 企业合规师作为近几年的新兴职业，目前只有规模较大的企业设有专门的岗位，部分企业会和法务合并，还有部分未设这个岗位。就从刚说到的国内外发展环境看，企业合规的要求将常态化，企业合规师也是

一个前景比较好的行业。

罗芃： 对于我们这些对合规师感兴趣的二年级小朋友，您有什么要对我们说的吗?

汤丹： 从二年级的小朋友的角度，我觉得主要从以下几个方面做准备：要严格要求自己，做一个遵纪守法的人，比如刚说的过马路看红绿灯；去超市要付钱，不付钱不能走；还有上课要遵守课堂纪律；等等。然后就是学习文化知识。这个是不管以后从事什么行业，都需要去掌握的，要把基础知识学好，学扎实。

罗芃： 感谢汤经理的耐心解答，我们今天的采访到此结束。谢谢!

 体验分享

认识企业"防火员"

企业合规师是什么? 带着这个陌生的概念，我采访了资深的企业合规师汤丹老师。从汤丹老师那里我了解很多有关企业、有关企业合规师的知识。

原来现在的企业并不像我所看到的那样一帆风顺，而是面临很多挑战。比如近两年越来越多的国际摩擦，中国企业在国外多次被制裁，影响了企业的发展，也让国外一些企业有机可乘。那么，如何更好地把握好机遇，避开隐藏的"地雷"，尤其是法律的"雷"，就需要用到我们企业合规师的本领。

那么企业合规师需要具备哪些本领呢? 首先，要有好的职业道德和职业操守。就像我们小学生要遵守学校的规定一样，合规师也要遵守自己行业的要求。其次，知法懂法，知规懂规，得储备最基础的专业知识和信息。生活中"红灯停，绿灯行"是最常见的交通规则，与企业相关的法律条款更是多得数不过来。这些法律条款就是合规师最好的"武器"。最后还需很好的沟通和写作能力。要更好地运用"武器"，就得学好更多的"招式"。怎么出招就靠我们的沟通写作能力了。

通过采访和学习，我了解到企业合规师在企业里就像"防火员"，将一切违反规范尤其法律的行为提前扼杀，防患于未然。所以汤丹老师把他比作一位"防火员"，而不是"灭火员"。一旦企业着"火"后果是不堪设想的，所以"防火员"的作用尤为重要。企业合规师是一个新兴的职业，企业合规的要求将常态化，企业合规师也是一个前景比较好的职业。

（罗芃 / 文　指导教师 / 万星星）

参加企业合规师培训（一）

参加企业合规师培训（二）

 ## 指导教师说

　　企业运营，合规先行。当前，我国企业合规化建设工作正面临着巨大的挑战，企业合规师的重要性也在逐步凸显。企业合规师作为排查风险、规范管理和支撑决策的高端人才，正在成为增强我国企业发展韧性的中坚力量。

　　企业合规师主要针对从事会计、审计、税务、财税、金融等相关职业，担任企事业单位会计主管及经理、审计主管及经理、财务主管及经

理、税务主管及经理、法务主管及经理、财税主管及经理、风控主管及经理等岗位的专业管理人员，以及这些岗位总监及以上的高层管理者。要成为一名优秀的合规师除了要求具备突出的专业能力外，还要具备足够好的口头和书面表达能力。

所谓"没有规矩，不成方圆"，国家如此，学校如此，家庭如此，企业更是如此。"企业合规师"在企业中扮演的角色，就是规矩的"捍卫者"。随着全球经济的快速发展，中国企业想要做大做强，必须以合规为前提。企业想走得更远，离不开这些"捍卫者"的保驾护航。如果有小朋友对这个行业感兴趣，可以提前准备起来。

 供应链
管理师

职业编码：4-02-06-05

职业定义

运用供应链技术、管理方法和工具，从事产品设计、采购、生产、销售、服务等全过程协同，控制供应链系统成本的人员。

主要工作任务

1. 实施销售和运作计划，进行库存管理，协调供需关系；

2. 制订采购策略，对供应商进行整合与评估；

3. 进行供应链的生产和服务设施选址与布置；

4. 设计并管理运输网络，协调仓储规划与运作；

5. 运用供应链平台管理客户、内部供应链、供应商及交易，控制成本；

6. 运用供应链绩效管理工具及方法，对供应链进行评估与改进；

7. 提供供应链技术咨询和服务。

来源：《中华人民共和国职业分类大典（2022年版）》

职业畅想

验货核对篇

小小"手枪"手中拿，

"嘀嘀，嘀嘀"来扫描。

枪上出现货品码，

取出货品来扫描。

要是货物被取错，

还会"嘀嘀"来报错。

供应链管理

order
delivery
unloading
transportation
loading

作者：齐晨希、朱静萱　　　　　　　班级：401班

学校：杭州市文海凌云小学　　　　　指导老师：于雪妍

订单分拣篇

订单宝宝要回家，
请你帮他找对家。
扫描货品报门号，
找对门号回对家。

作者：朱静萱　　　　　　　　班级：401班

学校：杭州市文海凌云小学　　指导老师：于雪妍

身边探究

在你的日常生活中，哪些你看到的或者你用过的东西，或者你参与的事情，可能与供应链管理师的工作有关系？ 在你的想象中，他们应该会做什么？

分享者杨淑茜： 现在小区周边会设置一些菜鸟驿站，方便大家购物取件和寄件。我想这应该和供应链管理师相关，他们的工作是如何选择合适的区域并在其中设置驿站。

 **未来的我**

如果 20 年后你成为一名供应链管理师，你会为这个世界做什么呢？

分享者朱静萱： 如果我成为一名供应链管理师，我会研究如何更好地减少采购成本，让资源不浪费。

分享者朱靖宇： 如果我成为一名供应链管理师，我想要让大家便捷地买到全世界各地的产品，给大家的生活带来便利。

职场访谈

> **职业体验者：**杭州市文海凌云小学 401 班　朱静萱
> **职业体验导师：**百世物流科技有限公司仓储经理　罗艳
> **访谈地点：**百世物流科技有限公司

朱静萱：罗老师好，想问一下，供应链管理全链路流程包括哪些？

罗艳：全链路流程包括商家送货到仓库；仓库卸货，系统扫描入库到 WMS 系统；上架到仓库的货架上；消费者通过淘宝、抖音等平台下单；仓库接收到订单后打印订单；去货架库位上拣选对应的货物；对货物进行打包，贴上对应的快递面单；保证按快递公司进行分类，记录每个包裹的重量；快递公司到仓库取货；快递到家；收到货后签收或者寄回给仓库退换货；等等。

仓储中心订单生产操作区域（姜小玲／提供）

朱静萱：仓库里有这么多货物，我想知道，这些货物是怎么送到仓库里的。

罗艳：商家根据设计师设计的款式，预测销售情况，根据销量计划向工厂下采购单，厂家生产完以后安排货车送到仓库里面。

朱静萱：仓库里面有这么多货物，那如何快速准确地找到我们要的货物呢？

罗艳：货物放在货架上以后，在仓储管理系统（WMS）中就会有记录，在扫描枪上就会显示库位，根据订单上指引的位置，就能找到对应的货物。

朱静萱：你们是怎么看到我们购买的订单信息的呢？

罗艳：这就是供应链里面的信息流，只要你下了订单，订单系统就会接收到订单信息，一站式订单处理系统（OMS）进行处理后会回传到仓储管理系统，这样仓库的员工就能看到订单了，就是通过两个系统间的数据对接传输。还有一部分没有企业管理系统（ERP）的商家，订单信息会以线下的 EXCEL 表格形式给仓库提供对应的发货信息。

朱静萱：我看到仓库里有很多种袋子，还有纸箱，如何选择呢?

罗艳：就如我们刚才看到的一样，根据商品的特性，选择不一样的包装材料：如果是服装类的货物，就会根据衣服的多少用不同型号的 PE 袋打包；如果是一些快消品就会使用纸箱打包；如果是一些易碎品，就会进行防护，用葫芦泡沫等材料对商品进行防护，避免运送过程中出现破损。

朱静萱：为什么有时候收到的货物是破的或者错的？

罗艳：破损的一般都是易碎货物，有可能是打包时不规范，未做好防护，导致破损，有些是因为快递的暴力分拣和装卸，就类似于刚才你们分快递的过程，如果说远程扔货，就可能出现破损；错货就是质检台上完成后，打包出现了错误，没有装对货。一般这种情况下，商家反馈了，我们可以通过监控来调查，看是不是仓库包装错了。

朱静萱：仓库里有哪些工种，需要什么样的人？

罗艳：如我们前面进来看到的那张图片一样，上面都是一些库内的工种，分收货、上架等。如果是库内操作的工种，需要员工责任心强，另外能吃苦耐劳，因为一整天工作是非常辛苦的，大部分的时间都是站着工作。系统操作员需要的特质是：数据处理能力强，逻辑性好，能够理解系统的逻辑，作为仓库的大脑，指导仓库内的员工作业；仓库的主管和经理就需要具备管理能力，能够带领团队完成工作目标，同时具备规划能力。

供应链管理师在物流仓储场所指导体验者（姜小玲／提供）

朱静萱：如果未来我们从事物流管理师职业，您对我们有什么建议？

罗艳：随着人工成本越来越高，劳动力欠缺，对自动化的需求更加迫切，需要仓储运营更加智能和高效，所以需要更多的高科技人员去探索。另外现在的物流随处可见，人们的生活都离不开它，所以目前这个行业发展得欣欣向荣，这个新的职业需要更多优秀人才加入。所以现在你们就要好好学习，学习更多的技术，希望在未来能够推动和引领这个行业发展。

 **体验分享**

我眼中的市场搬运工

随着电商的发展，人们的生活越来越便利了，可以不用出门，利用手机就能买到各种各样的物品，而且可以挑选的范围也非常大，我的很多生活用品和学习用品也是妈妈从网上购买的。但是我一直非常好奇，网上购物为什么会这么神奇呢？我在手机上购物以后，货物是从哪里来的？它是如何准确地送到我们家的呢？妈妈说要带着我去仓储物流中心一探究竟。

那天早上，我早早地起床了，兴奋地跟随妈妈来到她以前工作的地方。我们先到达百世物流下沙的物流中心，看到园区楼下停了非常多货车，它们整齐地停靠在物流的月台上，工人正在忙碌地装货。妈妈告诉我，这是快递的分拨中心，就是发挥供应链里面的分拣加工作用的。每天傍晚，会有很多快递包裹从各地来到这个集散中心，分拣机器会按照货物流向的城市对这些快递进行分类，由对应的货车送往全国各地的分拣中心，同时也会将各地送至这个城市的包裹按照区域进行分类，发送到各个对应的区域和街道，由快递员派送到每个消费者手中。

接着我们来到楼上的仓储中心，这里非常大，映入眼帘的有很多货架、电脑、操作台、流水线，东西虽然非常多，但是货物摆放整齐，有很多的标识标牌，工人工作井然有序。接待我们的罗艳老师带着我们参观了一遍仓库，并详细地向我介绍了仓内的布局及作业流程。库内作业流程主要分为：订单处理、收货、拣选、复核打包、称重出库。消费者用手机下了订单以后，ERP系统会将订单传输到WMS系统，工作人员就会打印出来一个个订单，再由拣选的工作人员去库区里面，按照库区编码，找到对应的货物，交由复核打包人员进行电脑复核，确认无误后打包，最后对包裹进行称重，与不同的快递公司进行交接。出仓库后就送到了快递的集散中心。老师介绍，百世下沙园区是一个综合性的物流园区，将仓储中心和物流集散中心规划在一起，楼上生产完的货物直接运送到楼下，大大地节省了物流运作及搬运的时间，提升了物流效率，这也就是供应链优化中非常核心的一部分。

通过今天的参观体验，我对物流供应链和物流仓储有了一定的了解，也理解了"市场搬运工"——物流人的意义所在。同时我还了解到随着电商的高速发展，国家已经把供应链管理师列入新职业了，未来需要更多的专业供应链管理人才。这次参观，我收获满满。

（朱静萱 / 文　指导教师 / 于雪妍）

指导教师说

小作者通过体验供应链仓储管理工作，学习到了如何分拣包裹，如何与不同的快递公司交接，以及如何提升工作效率等方法。小小的包裹要经过这么多道工序才能安全地到达顾客的手里。这真是一门学问啊！供应链管理适用的领域不仅包括生产制造型工业企业，更广泛地应用于能源、零售分销、交通物流、服务、商业、IT 业，乃至应用在整个社会的运营管理系统中。

在小作者体验期间，虽然遇到了一些困难，以自己现有的知识无法解决，如全链路流程这个概念很抽象。将货物进行打包，贴上对应的快递面单、保证按快递公司进行分类、记录每个包裹的重量，光是全链路流程当中的这几项，就让小作者感觉到很难实施了，但是小作者能够根据导师的指示一点一点地完成，虽然比较生疏，但还是坚持了下来，这一点非常值得肯定。在现今的教学中，教师也要培养孩子遇到困难不要退缩的精神。就像小作者一样，在体验的时候虽然对于全链路流程不是很熟悉，但也在一步一步地探索，这一点值得肯定！

供应链管理需要具备数学、电子信息、网络运输、采购、库存管理、协调供给需求等方面的知识和技能，需要经过长期的训练和学习才能满足行业要求。如果同学们有志于成为一名供应链管理师，现在就应该好好学习，具有统筹工作的能力，为将来从事这一新职业打下扎实基础。

4 FOUR 退役军人事务员

职业编码：3-01-04-04

职业定义

在退役军人服务中心（站）从事退役军人政策咨询、信访接待、权益保障、安置服务、就业创业扶持等事务办理的人员。

主要工作任务

1. 组织退役军人思想政治教育相关活动；

2. 受理、审查、核实和上报退役军人困难申请，开展困难帮扶援助；

3. 接待、办理退役军人和其他优抚对象来信来访，协助解决信访诉求，代办属于退役军人事务部门职权范围内的信访事项；

4. 收集、分析退役军人就业创业需求，开展退役军人职业技能教育培训及相关服务；

5. 采集、整理、分析和报送退役军人思想政治、帮扶援助、权益维护和就业创业扶持等信息数据；

6. 为辖区内退役军人建档立卡，常态化联系退役军人，开展走访慰问。

来源：《中华人民共和国职业分类大典（2022年版）》

职业畅想

作者：易永尚　　　　　　　　班级：609班
学校：杭州市文海小学　　　　指导老师：金吴芬

作者：徐若怡　　　　　　　　　班级：609班

学校：杭州市文海小学　　　　　指导老师：金吴芬

 身边探究

　　在你的日常生活中，哪些你看到的或者你用过的东西，或者你参与的事情，可能与退役军人事务员的工作有关系？在你的想象中，他们应该会做什么？

　　分享者胡雨萌：乘坐公交车或地铁时，我会看到一些身穿军装的老爷爷，他们身姿还是很挺拔的，我猜想他们是退役军人。我觉得退役军人事务员的职责就是帮助这些退役军人解决生活中遇到的困难。比如说建立他们的档案，收集、分析他们想要再学习或者参与工作的意愿，如果有时间还可以走进退役军人的家中去进行慰问。我想象中，他们的工作是维护退役军人的一些权益，开展困难帮扶援助。

　　分享者易永尚：外婆家的邻居姜爷爷就是退役军人。他是军队离退休干部。外婆说姜爷爷的儿子也是军人，常年不在家，因此邻里们都互相帮助，经常给姜爷爷送自己种的蔬菜。我到姜爷爷家玩，看到了他桌子台面上有很多照片，都是姜爷爷年轻时穿着军装的样子，还有很多荣誉勋章。我听他讲了很多年轻时英勇的故事。他身躯挺拔、眼睛炯炯有神，一讲起荣誉勋章的由来非常自豪，也令我十分钦佩。我想，退役军人事务员可以在小区里设置退役军人故事堂，既可以让退役军人们在故事堂里分享故事，排解寂寞，也可以让小区里的小朋友听到更多光荣事迹。在我的想象中，在故事堂里，人们可以陪伴退役军人，可以了解到他们的困难，可以结合社区的活动开展有意义的公益活动，也可以让更多的人参与到互帮互助的队伍中来，让更多的正能量发扬光大。

未来的我

如果你成为一名退役军人事务员,你会为这个世界做什么呢?

分享者胡雨萌: 我觉得等我参加工作时,退役军人事务员工作的开展会更加智能,估计建立档案这样的事情可以邀请机器人来共同参与完成。同时,我也会更加努力地将自己所学到的知识应用到工作中,认真对待来访人员,对于他们的困难,我会提出更多解决的办法,给予他们更多的关心和帮助,让那些退役军人的生活更加舒适,更具有幸福感。

分享者易永尚: 我的梦想是成为一名机器人程序设计高手。如果以后我成为一名退役军人事务员,我将运用我设计的程序为退役军人提供一站式服务,从心理健康、生活困难、职业设计等方面设计应对措施。退役军人只要输入指纹,就可以从大数据库中提取到个人相关信息,根据他们在服役期间的工作岗位、所做贡献、专长等,并综合当时的行业实际情况,为退役后的军人提供职业规划,让退役军人在生活中更有幸福感,工作上更有方向,也为退役军人所面临的共性问题的收集和解决提供有力的保障。

 ## 职场访谈

职业体验者: 杭州市文海小学 609 班　易永尚、胡雨萌、金添、徐若怡、吴芷琦

职业体验导师: 下沙街道退役军人事务员　章栋东

访谈地点: 下沙街道党群服务中心

金添： 章叔叔，国家在 2022 年 7 月发布了"退役军人事务员"这一新职业，请问这一职业有怎样的作用呢？

章栋东： 国家设立"退役军人事务员"这个职业体现了国家层面对这一新兴职业社会价值的充分肯定。首先，有利于提升凝聚力，帮助退役军人服务工作人员增强从业信心，增强职业归属感，能吸引更多优秀人才关心、参与退役军人工作。其次，有利于提升工作水平，推动退役军人服务保障工作职业化、规范化、标准化建设，为退役军人提供更加优质高效的服务。最后，有利于建强人才队伍，帮助退役军人服务保障工作岗位选聘最符合条件的任职人员，促进全系统服务保障队伍建设。

金添： 作为一名退役军人事务员，请您谈一谈在这一职位上的感受或体会。

章栋东： 以前，我们向别人介绍自己，只能说自己是退役军人服务站的工作人员。将"工作人员"变为"事务员"可以说是质的飞跃，挺意外也挺惊喜的，感觉自己的职业更有荣誉感了。国家发布了这样一个新职业，体现了国家对退役军人的生活状况更加重视了，退役军人服务保障工作更加规范化、专业化了。退役军人事务员让退役军人与党和政府的联系更加紧密了，退役军人之间的联系也更紧密了。退役军人找到了战友，也找到了组织，有地方抒发军人对部队的感情。

金添： 您不仅是退役军人事务员，也是一名退役军人，相信您对军人这个职业一定有深刻的理解，请问参军的目的和意义是什么？

章栋东： 军人是一个特殊、崇高的职业，参军的经历会培养军人的特殊品质，比如独立生活的能力、良好的纪律观念、吃苦耐劳的精神、强健的意志体魄、奉献精神和责任心等等，这些都是参军经历中最有价值的东西，也是参军的目的所在。参军是一段宝贵的人生经历，部队培养的良好习惯和不抛弃、不放弃的毅力足以让退役军人在未来的道路上战胜一切困难挫折。同时，参军也是一份全家受惠的荣誉。一人当兵，全家光荣。国家不仅对退役军人十分重视，有许多优待拥护政策，对退役军人家庭也是，让我们感受到了浓厚的尊崇感、荣誉感和幸福感。

 体验分享

退役军人事务员体验随记

7月25日，艳阳高照。我和蓝天假日小队的伙伴们一起来到党群服务中心，进行"体验退役军人事务员，争做钱塘红色小主人"的实践活动。退役军人章叔叔专门来和我们一起活动，说要给我们讲讲他们的故事。我可期待了。

退役军人事务员是个新职业。这个职业是指在退役军人服务中心（站）从事退役军人政策咨询、信访接待、权益保障、安置服务、就业创业扶持等事务办理的人员。爸爸说这是为退役军人提供服务保障的新职业，是纳入国家职业分类体系规范的职业，由退役军人事务部归口管理。于是，我在见章叔叔之前就看了好多关于退役军人的资料，做好了充分的准备。

章叔叔来了。大家陪章叔叔坐下来，章叔叔还问了现在创业培训的情况，我们都一一作答了。章叔叔夸我们准备工作做得很到位，是非常棒的事务员。我们听了心里美滋滋的。

接着，章叔叔向我们介绍了一个紧急驰援代乃阻击战的英雄事迹。在代乃这个地势险要的咽喉要道，敌我双方无论谁夺取并控制了这个要塞，都会改变整个西线战场的态势。在整个战斗过程中，战士们一天打退了敌

人 18 次冲锋，牢牢守住了阵地，保障了我军主力，全歼了驻守柑塘的敌人。胜利来之不易，很多战士在战斗中付出了血的代价，甚至有的光荣牺牲。但是他们永远是我们的英雄。我们听得热泪盈眶，望着五星红旗，心里充满着对英勇顽强的战士的无限怀念。叔叔们太了不起了！真希望时光能慢些走，让他们永远健康！

我们还向章叔叔提了几个问题，都是关于退役军人的。章叔叔非常耐心，一一解答，如退役军人面临的就业、安置事宜等。听了退役军人的故事后，我们的心里充满着感动和崇敬。我们越来越觉得退役军人事务员对于退役军人来说太重要了。他们退役了，但没有褪去热爱祖国、为人民服务的本色，真希望这个职业能够为退役军人提供帮助，给每一个退役军人带去温暖。

（易永尚 / 文　指导教师 / 金吴芬）

 ## 指导教师说

退役军人为国防和军队建设做出了重要贡献，是党和国家的宝贵财富，是建设中国特色社会主义的重要力量。习近平主席在 2019 年新年贺词中专门向退役军人表达关心问候："要关爱退役军人，他们为保家卫国作出了贡献。"

2022 年 7 月 25 日，人力资源和社会保障部、国家市场监督管理总局、国家统计局联合发布了一批新职业，其中包含了退役军人事务员。退役军人事务员职业的发布，是从国家层面对这一新兴职业社会价值的充分

体验者们与导师亲切交谈（金添／图）

肯定，将为行业人才的培养与选用提供权威依据，打通职业发展通道，对推动退役军人服务保障体系建设提质增效、促进事业长远健康发展意义重大。这个国内首次发布为退役军人提供服务保障的新职业，充分体现党和国家对军队建设的关心爱护，是维护官兵权益、消除后顾之忧的长远之举，有力凝聚了军心士气，激发了官兵强军报国的热情和动力。

作为小学生，去主动参与并体验这一神圣职业，更能真切感受到国家对军人的重视，也是接受爱国主义教育，让学生从小懂得军人保家卫国的神圣使命及国家对军人的关注与重视。

退役军人办公场所文化墙（胡雨萌／图）

FIVE 5 可视化党史教育导师

职业编码：4-13-99

职业定义

在各类教育机构、各类企事业单位中针对基层党务人员、中高层管理者、课程思政老师从事可视化党史教育工作的专业人员。

主要工作任务

1. 研究、开发可视化党史课程整体架构；

2. 培养党史可视化讲师；

3. 开发党建活动设计思路和方案；

4. 研发、设计"教、学、育"三位一体的思政课程；

5. 打造沉浸式红色教育基地。

来源：新职业体验导师提供

职业畅想

钟沛东

我不会画画，从小就不会
我学习历史，却总是记也记不住
可是有一次听了雨鑫的可视化历史
我却记在了心里
她像一个优秀的画家
在纸上画出一幅又一幅图画
我美了很久
仿佛禾苗遇到了春天
从此茁壮成长
红橙黄绿蓝靛紫
五彩斑斓的中国梦
正一步一步地全面实现

作者：钟沛东　　　　　　　　班级：807班

学校：杭州市文海中学　　　　指导老师：李小军

百年潮，中国梦

假如我是历史老师

我有一个梦想
等自己长大了要做一名老师
利用现代可视化科技手段
带领同学们回望百年风云激荡
身临其境地从昨天走向今天，从历史走向未来
百年来，多少枪林弹雨的战斗
多少壮怀激烈的牺牲
多少上下求索的追寻
多少千难万险的跋涉
多少执着坚定的前行
百年辉煌绘就中华民族伟大精神的百年长卷

作者：钟沛东　　　　　　　　　班级：807班

学校：杭州市文海中学　　　　　指导老师：李小军

身边探究

在你的日常生活中，哪些你看到的或者你用过的东西，或者你参与的事情，可能与可视化党史教育导师的工作有关系？在你的想象中，他们应该会做什么？

分享者周天泽：走进东莞大玲山镇的红传馆，跟随一帧帧图片、一段段声音重温了中国共产党的百年时光。一幅图胜过万卷书，一次体验胜过千言万语，红传馆充分展现了信息可视化设计的教育优势。我想这些参与设计与创造的工作者多么伟大，让我直接实现了与革命先烈的跨时空对话。

分享者陈昊旻：通过 VR 高科技，我有了一次重走长征路的体验，飞夺泸定桥、巧渡金沙江、过雪山草地，通过沉浸式视觉感，我感受到了中国共产党的伟大壮举。这种可视化党史教育让我切身感受到气壮山河的气势。

 ## 未来的我

如果 20 年后你成为一名可视化党史教育导师，你会为这个世界做什么呢？

分享者张立歌：历史是最生动的教科书，利用新的高科技手段，如 VR 技术、AI 技术等，还原历史背景，融合各种素材、视频、图片、语音解说、宣讲等，再通过视觉、听觉等多方位的立体化打造运用，打造出 720° 沉浸式、可交互的学习体验，让同学们在学习历史的时候能够亲身

体会到当年的历史环境。

分享者方立轩： 如果我是一名可视化党史教育导师，我会努力打造可视化课程，以图画、桌游、剧本杀等形式，分享和展示中国史、世界史，增强学习的主动性、互动性、趣味性，创造记忆式学习加还原式学习的方法。

 ## 职场访谈

职业体验者： 杭州市文海中学 807 班　钟沛东
职业体验导师： 石雨鑫工作室创办者　石雨鑫
访谈地点： 石雨鑫工作室

钟沛东： 石老师好，能否介绍一下您和企业的基本情况？

石雨鑫： 你好！我是石雨鑫，专注于可视化创新教育领域，目前用可视化教学理念赋能沉浸式的党史课程开发，想用可视化党史教学的形式为创新、为教育做点事儿。

企业目前就是以沉浸式课程开发为主，以课程授课和老师培养为辅，不断推出可视化党史系列课程和桌游产品，致力于让更多党务工作者、课程思政老师也可以组织开展形式新颖、内容丰富、应用广泛、立足岗位的沉浸式党史活动。同时致力于培养具有可视化课程设计能力的老师、讲师，让更多的老师可以优化自己的课程，做到"一个中心，两个基本点"，即设计以学员为中心的课堂，兼顾"嗨皮点"与"落地点"，打造有趣、有料、有效的沉浸式课堂。

可视化党史教育教室（钟沛东 / 提供）

钟沛东： 您从事的党史培训，主要针对的是哪些人群？

石雨鑫： 主要针对基层党务人员、中高层管理者、课程思政老师和职业讲师。

钟沛东： 您要帮助这些人解决什么问题呢？

石雨鑫： 解决基层党务工作者怎么开展丰富多彩党史学习活动的问题，提供完整的活动操作流程和党建活动设计思路，让基层党员对党史的学习感兴趣，愿意深入了解党发展历程背后的规律与智慧，对自己的个人发展有所反思。

帮助中高层管理者智慧解决理论联系实际的问题，提供组织研讨流程与研讨画布，帮助中高层领导干部解决组织面临的问题，如借助党的理论与团队教练方法论，理论联系实际，在复杂多变的时代，怎么想、怎么干能把事儿做对。

解决老师怎么设计"教—学—育"三位一体的思政课程，职业讲师怎么设计从走脑到入心态度类教学课程，提供可视化教学法和活动开发工具。面对"00"后、"10"后年轻一代，用他们喜欢的方式进行教学，实现在玩中学、在学中悟的沉浸式学习。

可视化党史教育导师的日常工作（钟沛东 / 提供）

钟沛东： 目前有很多企业管理培训机构，但是大部分机构的理念没有落地，您的优势在哪里？又是怎么落地的呢？

石雨鑫： 在教学形式上，我们整合了视觉引导、行动学习、团队教练、桌游式教学、结构研讨等多种形式，让学员主动参与到课程中来，沉

浸式主动找寻问题答案。

在教学内容上，从百年党史中找寻的历史片段和大事件，都是与组织当下状态最吻合的话题。在设计之初，定义课程的时候，就是以史为鉴，借假修真，每个板块设计都会侧重于解决企业的实际问题，比如企业文化落地、战略共识、问题解决、经验总结、系统复盘等方面，从而实现思维、能力、精神、行为的提升。

在教学成果上，根据组织的实际情况，结合党史理论，设计各种研讨话题，在研讨与参与过程中，找到"真问题"，寻找"本质解"，在共识中设计落地方案，"以问题为导向"组织定制化课程设计，从"知道"到"做到"再到"可落地"，在课堂上直接解决问题，不把问题留到课后。

钟沛东：您当初是怎么进入这个行业中来的？

石雨鑫：最开始就是单纯的热爱。我在不断深耕和实践中找到一些更加高效的学习方法和教学法，让我对学习的热情倍增，同时学习效率与效果大幅度提升，从被动学习变成主动学习，所以我特别想把这套方法总结出来跟更多人分享。可视化教育的本质是被看见的教育，什么需要被看见，什么就可以可视化，什么就需要被设计，好的课堂是设计出来的。

钟沛东：您的创业初心是什么？

石雨鑫：我自己是希望借助党史，理论联系实际，去践行我对可视化教育的理解和认识，为教育创新提供更多实际案例与教学方法，将"教—学—育"打通，借助党史让党员和积极分子可以做到"信"，从相信到自信，再到信仰，最后到信奉。我的初心就是为中国教育做点事儿，用可视化点亮课堂。

钟沛东：您经营企业的理念是什么？

石雨鑫：企业经营理念就是聚众人之力赋能中国教育，所以一直在与志同道合的人合作，为沉浸式创新的课程开发与沉浸式党建做出一点

贡献。

钟沛东：企业发展到现阶段，您最看重的是什么？

石雨鑫：现阶段最看重的是持续研发出好的沉浸式可视化党史系列课程，并且在北京朝阳十八里店打造沉浸式党建项目样板间，同时也受到中央党校出版社的邀请，在写关于"沉浸式党史活动实操手册"内容的书，希望带给党务工作者、老师、中高层管理者更多关于活动开展的思考，提供更多可能性。同时我们也想培养更多老师，让更多老师掌握这种方法，并将它用在自己的教学中。

钟沛东：企业未来的发展规划是什么？

石雨鑫：未来发展规划主要有两个方面：一方面是完善沉浸式党史课程与产品开发，让可视化党史进入社区、企业、校园，打造沉浸式红色教育基地；另一方面，培养更多老师，使他们具有可视化课程开发能力，提升老师的教学素养，将可视化教育理论、方法论、工具跟更多学校老师进行分享，把可视化思维方式与教学紧密相连，培养"教—学—育"三位一体的有温度、有深度、有广度的备受新时代年轻人喜欢的好老师。

钟沛东：可视化教育理念是什么？

石雨鑫：可视化教育基本理念是专注于"教"与"育"："教"即研究"如何教""如何学""如何因材施教"；"育"即研究"如何立德树人""如何滋养心力"。通过"可视化"的工具、方法论、原理让"教"和"学"更轻松，让学习有转化。

钟沛东：谢谢石老师！我以后也要努力当一名可视化党史教育导师。

体验分享

成功是奋斗出来的

今天，我终于采访到了雨心视觉教育创始人、桌游式教学导师——石雨鑫老师。她在该领域小有名气，2022 年 8 月，她曾接受中央电视台《影响力时代》栏目组的采访，我一直很崇拜她。

她研发的可视化党史课程是一门新奇独特、能学到知识的课程，该课程利用图像讲述故事。我们知道图像具有记录功能，从人类早期的岩画到近代的照相术，图像记录了人类生活的诸多方面。

又如在现代城市生活中，我们被各式各样的标识所包围，标识指示着我们行动的方向。标识作为图像起到了告知的功能，这就是我们生活中的图像叙事，它替代了冗长的文字，简洁易读，甚至可以跨越不同的民族文化，具有通识性。把百年党史做成一条路线的形式，将历史进行可视化展示，既顺应了课程要求，又将党史生动展现。

听到石老师的介绍，我想，如果我们的历史课程也能融入可视化教学手段，那该多么有趣啊！

石老师听说我最近在读《长征》一书，便饶有兴致地给我上了一堂生动的可视化课程，用她独特的教学手段给我讲解了中国工农红军长征路线，让我受益匪浅。

她又给我讲解了马克思主义中国化的三次飞跃、中共十八大以来取得的一系列成就，让我亲身体会到，在习近平新时代中国特色社会主义思想的指引下，新时代的宏伟蓝图正一步步地变为美好现实，我们的祖国日益繁荣昌盛。

通过此次新职业人物访谈，我了解了关于"视觉教育"这个新职业的更多信息，感觉到了石老师对这个职业的深深热爱。

很早之前，石老师就对自己的职业做好了规划，她按照自己的职业规划一步一步走，才取得了目前的成就。这让我意识到自己做好职业规划的必要性，那就是明晰自己今后该怎么做。

我相信，树立好目标并为之奋斗，就会慢慢接近成功。

（钟沛东 / 文　指导教师 / 李小军）

指导教师说

可视化党史教育导师的工作涵盖研究、开发、运用等各个方面，涉及教育、历史、绘画、设计、技术服务以及应用开发等知识和技术领域。

"视觉教育"（Visual Education）理念在 20 世纪 20 年代从美国引入国内的，但视觉教育实践直至 20 世纪 70 年代末才得以推广和发展。其基本形态包括作为现代教育技术与手段、作为感觉教育体系的重要组成部分、中小学视觉素养教育和视觉思维能力的开发等方面。目前，视觉教育在我国开始受到一定重视，但仍处于起步阶段。

最早使用"视觉教育"术语的是美国宾夕法尼亚州的一家出版公司，1906 年，它出版了一本介绍如何拍摄照片、如何制作和利用幻灯片的书——《视觉教育》。作为直观教学手段之一，"视觉教育"方法很快被推广应用到课堂教学中。随着现代教育技术与手段不断丰富以及当代文化的视觉化转变，"视觉教育"一词的语义与内涵发生了深刻的变化。1918 年，明尼苏达大学首次正式开设视觉教学课程。1923 年，美国教育协会成立了视觉教育分会。

就目前视觉教育的师资与机构来看，它还处于一种自发式、松散型的组织状态。除了亟待完善视觉教育的教学内容外，还应注重师资队伍的建设，突破传统艺术教育的积习，真正体现人文素养教育，提升学生的创造能力与表达能力。同时，亟须组织成立视觉教育研究的学术团体，开展多层面的学术研讨。

孩子们在与该职业的接触中，明显表现出对教学方式的莫大兴趣，对呈现教育内容的载体产生了新奇感，在不知不觉中完成了学习。我们适时引导孩子们关注教学内容的设计与开发，激发孩子对该职业的兴趣。好多孩子表示将来也要从事这样的职业，并说自己一定要好好学习，打好基础，以便将来将这个事业做得更好，为社会发展做出自己的贡献。

可视化党史教育导师需要具备历史学、教育学、心理学、产品设计等方面的知识和技能，需要经过长期的训练和学习才能满足行业的要求。如果我们的学生有志于成为一名可视化党史教育导师，应该从小就好好学习各门课程，为高年级直至大学的学习时刻做好准备。

第4章
农林经济
——开拓绿色低碳共富新路径

　　绿水青山就是金山银山。农林经济开拓了绿色低碳共富新路径。随着国家全面实施乡村振兴战略，开展促进乡村产业振兴、人才振兴等活动，越来越多的年轻人开始从大城市返回自己的家乡创业，成为新农人。这些新农人带来了发展新思路，以电商为代表的数字化服务向乡村下沉，城乡双向消费交流互动，为农村经济发展聚集了人气、才气，注入了新动力。

　　美丽乡村是美丽中国的重要组成部分，推进乡村绿色发展是实现美丽乡村建设目标的必然选择。未来在"碳中和"背景下，需要以农村绿色低碳发展理念为指导，带动农村产业结构升级，推进乡村绿色低碳发展。

ONE 1 碳汇计量评估师

职业编码：4-09-07-05

职业定义

运用碳计量方法学，从事森林、草原等生态系统碳汇计量、审核、评估的人员。

主要工作任务

1. 审定碳汇项目设计文件，并出具审定报告；

2. 现场核查碳汇项目设计文件，并出具核证报告；

3. 对碳汇项目进行碳计量，并编写项目设计文件；

4. 对碳汇项目进行碳监测，并编写项目监测报告；

5. 对碳中和活动进行技术评估，编制碳中和评估文件。

来源：《中华人民共和国职业分类大典（2022年版）》

职业畅想

作者：黄越崎、樊心亿、陶宇泽、黄今研、刘皓宇、贺禹捷

学校：杭州市文海第二实验学校

班级：203班　　　　　　　　　　　指导老师：万星星

低碳环保童谣

低碳环保要做好，
节能减排很重要。
地铁公交更环保，
骑车跑步身体好。
植树造林碳减少，
栽花种草环境好。
纸杯木筷用得少，
环境污染会减少。
节约水电要记牢，
千家万户节能高。
蓝天碧水白云飘，
杭州变得更美好。

作者：张小乙　　　　　　　　班级：509 班
学校：杭州市文海小学　　　　指导老师：张媛

身边探究

在你的日常生活中，哪些你看到的或者你用过的东西，或者你参与的事情，可能与碳汇计量评估师的工作有关系？在你的想象中，他们应该做什么？

分享者胡宇彬： 出门前3分钟关空调。按每台每年可节电约5千瓦·时的保守估计，相应减排二氧化碳4.8千克。如果对全国1.5亿台空调都采取这一措施，每年可节电约7.5亿千瓦·时，减排二氧化碳72万吨。

分享者杨显承： 用布袋取代塑料袋。少生产1个塑料袋可节能约0.04克标准煤，相应减排二氧化碳0.1克。如果全国减少10%塑料袋使用量，每年可节能约1.2亿吨标准煤，减排二氧化碳3.1万吨。

分享者张小乙： 淘米后浸泡10分钟再煮饭，这样可大大缩短饭熟的时间，节电约10%。每户每年可因此省电4.5千瓦·时，相应减少二氧化碳排放4.3千克。如果全国1.8亿户城镇家庭都这么做，每年可省电8.1亿千瓦·时，减排二氧化碳77.4万吨。

 未来的我

如果20年后你成为一名碳汇计量评估师，你会为这个世界做什么呢？

分享者魏一： 提升生态碳汇能力，以森林、草原、湿地等为主体的生态碳汇途径及生物固碳措施，能够不断提升生态碳汇能力，对减缓全球气候变化具有重要作用。全面保护森林、草原、湿地生态系统，保护野生动植物资源，保护生物多样性。将更多昔日的"荒山秃岭"变成"绿色银行"。

分享者陈熠欣： 加快海洋生物碳汇研究进程，海洋是地球上最大的碳库。整个海洋中蓄积的碳总量达到 39×10^{12} 吨，占全球碳总量的93%，约为大气的53倍。这些碳或重新进入生物地球化学循环中，或被长期储存起来，而其中一部分被永久地储存在海底。根据联合国《蓝碳》报告，地球上超过一半（55%）的生物碳或是绿色碳的捕获是由海洋生物完成的，这些海洋生物包括浮游生物、细菌、海藻、盐沼植物和红树林。

分享者叶昊鑫： 积极推广有机农业，增加农业碳汇能力，有机农业是指在生产中不采用人工合成的肥料、农药生产调节剂等高碳型生产资料，而是采用有机肥来满足农作物的营养需求。有机农业完全遵循了自然规律和生态学的原理，是维持农业可持续发展的新型生产方式。积极推广有机农业可以减少农民对化肥和农药的依赖，改变他们单纯依靠化肥供给农作物养分和农药消除病虫害的观念，从而减少对土壤的污染，增加土壤的固碳能力。

 # 职场访谈

职业体验者：杭州市文海小学509班　雒家宜、胡宇彬、张小乙、叶昊鑫、陈熠欣、杨显承、魏一、潘星贝
职业体验导师：杭州中奥质量认证有限公司认证部　刘媚媚
访谈地点：中国计量大学

陈熠欣： 老师好！碳汇计量评估师的主要工作有哪些？

刘媚媚： 碳汇计量评估师是指运用碳计量方法学，从事森林、草原等生态系统碳汇计量、审核、评估的人员。工作职责包括：审定碳汇项目设

计文件，出具审定报告；现场核查碳汇项目设计文件，出具核证报告；对碳汇项目进行碳计量，编写设计文件；对碳汇项目进行碳监测，编写监测报告；技术评估，编制碳中和评估文件。二氧化碳等温室气体的不断排放，造成全球气候的异常，极端气候事件也频频发生。为了保护我们的生存环境，在未来，每个人或者每个碳排放主体的碳排放空间是有限的。当你的碳排放量超出你所拥有的权限，就需要向其他碳排放少的人或主体购买碳排放的权利。其中涉及的评估、减排、交易，都需要碳汇专业技能人员来参与完成，由此碳汇计量评估师应运而生。

雒家宜： 刘老师，关于这个碳汇行动，我们能做些什么？

刘媚媚： 我们知道，树木每生长 1 立方米，就能够吸收 1.83 吨二氧化碳，同时释放 1.62 吨氧气，改善我们的生存环境。我们就从碳汇行动这件小事做起，倡导个人、家庭、企业，通过植绿护绿"碳补偿"的形式来进行碳汇减排，唤起全民及企业的"低碳意识"，逐渐养成日常生活中尽量减少碳排放的习惯。通过植绿护绿"碳补偿"计划，告诉更多人碳减排的必要性，我国以森林为载体的森林碳汇丰富，造林技术不断提升，碳汇储量计量方法基本形成。

张小乙： 碳汇是什么？

刘媚媚： 碳汇，其实就是通过植树造林、植被恢复等措施，吸收大气中的二氧化碳，从而降低温室气体在大气中的浓度的过程。

魏一： 电视上、报纸上常看到的碳达峰是什么？

刘媚媚： 碳达峰是指某一个时点，二氧化碳的排放达到峰值不再增长，之后逐步回落。根据世界资源研究所的介绍，碳达峰是一个过程，即碳排放首先进入平台期并可以在一定范围内波动，之后进入平稳下降阶段。碳达峰是实现碳中和的前提条件，尽早地实现碳达峰可促进碳中和的早日实现。据此，我国承诺的时间节点为：（1）从现在至 2030 年，我国的碳排放仍将处于一个爬坡期。（2）2030—2060年这30年间，碳排放要度过平台期并最终完成减排任务。

潘星贝： 那碳中和又是什么？

刘娟娟： 碳中和是指企业、团体或个人测算在一定时间内直接或间接产生的温室气体排放总量，然后通过植树造林、节能减排等形式，抵消自身产生的二氧化碳排放量，实现二氧化碳"零排放"。

叶吴鑫： 什么是碳排放？

刘娟娟： 碳排放，是人类生产经营活动过程中向外界排放温室气体（二氧化碳、甲烷、氧化亚氮、氢氟碳化物、全氟碳化物和六氟化硫等）的过程。碳排放是目前被认为全球变暖的主要原因之一。我国碳排放中占比最大的（54%）来源于电力和供热部门在生产环节中化石燃料的燃烧。

杨显承： 什么是碳计量？

刘娟娟： 碳计量是一种监测和计量人类工业活动向地球直接和间接排放二氧化碳量的措施。就工业活动来说，碳计量的对象主要包括能源活动、工业生产、农业生产、土地利用及废弃物处理等。

在实验室参与碳计量实验活动

陈熠欣：我们如何更好地减少二氧化碳排放？

刘媚媚：碳排放是关于温室气体排放的一个简称。温室气体中最主要的组成部分是二氧化碳（CO_2），因此人们简单地将"碳排放"理解为"二氧化碳排放"，包括高耗能产业的扩张和日常生活中的温室气体排放。

胡宇彬：那我们每个人都会排放二氧化碳，怎样可以计算出每个人的碳排放量？

刘媚媚：个人的碳足迹来源于饮食、交通、购物和娱乐活动以及电力使用等方面，分别对其计算碳足迹就可以得到个人的碳足迹（通常以吨/年为单位）。计算"碳足迹"的理念是"公众日常消费—二氧化碳排放—碳补偿"。比如一棵冷杉30年能吸收111千克二氧化碳，平均每年吸收4千克左右，那么粗略计算一下所排放的二氧化碳需要种几棵树来补偿：乘飞机旅行2000公里排放了278千克的二氧化碳，需要植3棵树来补偿；用了100千瓦·时电排放了78.5千克二氧化碳，需要植1棵树来补偿；自驾车消耗了100公升汽油，排放了270千克二氧化碳，需要植3棵树来补偿。

张小乙：低碳发展对我们的生活有哪些效益？

刘媚媚：环境效益、社会效益、经济效益。实现碳中和愿景意味着我国经济增长与碳排放要深度脱钩，将给浙江带来巨大的经济结构性变革。破立之间，挑战与机遇并存。生态环境部国家应对气候变化战略研究和国际合作中心战略规划部主任柴麒敏表示，低碳发展并不是不要发展，而是要好的发展，是要倒逼不好的发展转向好的发展。到2030年，全国低碳产业的产值预计将达到23万亿元，对GDP的贡献率将超过16%。

雒家宜：实现碳中和，我们能干点啥？

刘媚媚：碳中和目标的实现和我们每个个体都息息相关。每个人都应该为碳中和、碳减排贡献自己的力量，减排、减欲、减速、减污、减负，比如种一棵树，及时关电器电源，利用公共交通出行，自备购物袋，节约用水，空调温度适度。

 ## 体验分享

绿水青山守护者

2022 年 7 月 27 日，我们红蚂蚁小队成员去中国计量大学参观了碳计量实验室，了解了碳计量专业老师的工作内容，认识到碳排放与我们的生活息息相关。

从中我了解到人类的任何活动都有可能造成碳排放，各种燃油、燃气、石蜡、煤炭、天然气在使用过程中都会产生大量二氧化碳，日常生活中也会排放大量的二氧化碳。

所有人为的或自然的燃烧过程都会产生二氧化碳。现在，我们的生活都离不开二氧化碳的排放，平时的一日三餐、汽车出行等都会排放出一定量的二氧化碳，二氧化碳是温室气体中最主要的组成部分，因此，人们简单地将碳排放理解为二氧化碳排放，由此就有了碳汇计量评估师。

碳汇计量评估师就是检测各种人类的活动所产生的二氧化碳量，这些产生的二氧化碳会对我们的日常生活造成什么样的影响，经过精密的计算，引导我们从自己的日常生活中去减少二氧化碳的排放，从而改善我们的生存环境。

温室气体会造成地球地表温度的上升，在地球上的所有生物都会因为温度的上升而出现一系列不适应感，甚至威胁到所有生物的生命，我们要

想办法去减少温室气体的排放，最主要的就是减少二氧化碳的排放。

那么问题就来了，我们平时如何才能更好地减少温室气体的排放，从而给我们的地球降降温呢？

我们平时要从身边的小事做起，倡导低碳生活：出行尽量绿色出行，尽量选用公共交通工具，多步行，骑自行车，乘坐地铁，不开油车，购买小排量或混合动力机动车；外出野餐时，尽量不烧烤，可以选择自己在家做好，然后带出去和朋友一起品尝美食；使用空调时，温度要适宜，夏天空调的温度设在26℃左右，冬天不超过20℃；家用电器（空调、冰箱、洗衣机等）选择有能效标识的，能效高，省电又省钱；节约用水，洗菜或洗衣服时，将水龙头的流量调小，一水多用，洗衣服的水可以用来冲马桶。

大家可以一起来想办法，让我们一起来守护我们的家园！

（雒家宜 / 文　指导教师 / 张媛）

 # 指导教师说

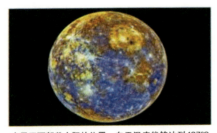

水星正面朝着太阳的位置，白天温度能够达到427℃

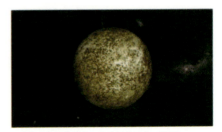

水星背着太阳的部分，平均温度只有-173℃

温室效应不断积累，导致地气系统吸收与发射的能量不平衡。

能量不断在地气系统累积，从而导致温度上升，造成全球气候变暖。

温室效应：温室气体（GHG）吸收了地面增暖后向宇宙空间放出的长波辐射。

温室效应是地球生态圈稳定存在的必要条件。

国家碳方向：提出"3060"的远大目标。

"30"是承诺在2030年前，二氧化碳排放达到峰值，不再增长，这就是碳达峰。

"60"就是承诺在2060年前，通过植树造林、节能减排的方式，抵消自身产生的二氧化碳排放量，实现二氧化碳的中和。

科学家们通过钻取南极冰岩追溯地球气温的变化，发现地球在生命过程中经历了很多热与冷的周期变化。距今最近的一次低温期发生在2.1万年前，北半球的美洲、欧洲大片陆地被厚约300米的冰层覆盖，导致全球海平面下降120米，大片陆地露出水面，中低纬度地区干旱程度大大增加，沙漠扩张，全球性沙尘暴频发。到了6000年前时，地球气候温度又升高，达到了一个高峰，冰川融化，海平面比目前高了2米。但是地球气候的趋势性变化并不是二氧化碳浓度变化造成的，而是主要受控于地球轨道变化。

引起人们恐慌的是过去150年来地球温度上升了1℃左右，这样的快速增温肯定不是轨道尺度因素变化所致，另外也没有其他可影响温度的大事件，因此，从古气候变化的背景来分析，二氧化碳导致的增温是最合理的解释。

旱灾　　　　　　　　　　虫害

海平面上升　　　　频繁的海洋风暴　　　　冰川消融

大家都已经比较熟悉二氧化碳导致地球升温的原理是温室效应，以及温室效应会给我们带来的危害（可以参看纪录片《难以置信的真相》），可是这些超出地球正常变化范围的二氧化碳是哪里来的呢？追溯之下发现，这一切是从工业革命时期开始的——人们开始大量使用机器，机器的动力来自化石能源（煤、石油、天然气）的燃烧，正是化石能源的燃烧产生和排放了大量的二氧化碳。而且随着科技的发展和人们生活水平的不断提高，能源的消耗量一直呈现增长的趋势，二氧化碳的排放量也随之增加。如果不加以控制，地球气温持续非正常升高，海平面上升、生态破坏等就会变成全人类的灾难，所以全世界各国要联合起来减少二氧化碳等温室气体的排放。

要想减少温室气体的排放可以有很多方法，比如：用不产生二氧化碳的能源（即清洁能源）取代化石能源；科技的发展着眼于提高能源利用效率，使生产同样的产品消耗比以前更少的能量；把空气中的二氧化碳由气态转换为固态固定下来，不再产生温室效应……

这些方法在具体设计、实施的时候都需要有一个明确的二氧化碳排放与减少的数值作为依据，那这些具体的数值就需要碳汇计量评估师去监测、计算、分析汇总得出。因为二氧化碳排放涉及的场合非常广，工厂生产、日常生活、社会交往中都存在，而且二氧化碳的减少也需要全社会每个人都贡献自己的力量，所以对碳汇计量评估师的需求也非常大。

今天，同学们在实验室里观看了碳汇计量评估师测量碳排放的过程，知道了碳汇计量评估师的工作内容，了解了二氧化碳的来源及过量排放导致的危害。相信同学们保护环境的意识也更加强烈了。希望同学们能够在生活中做一名控碳排放宣传使者，向身边的人宣传控制碳排放，做好碳排放的相关计量是推动碳减排的第一步，同时，让更多的人了解碳汇计量评估师这个职业。

期待未来的环保之路上会出现你的身影！

$\dfrac{TWO}{2}$ 建筑节能减排咨询师

职业编码：4-09-07-06

职业定义

应用节能减排技术，从事建筑及其环境、附属设备测评、调适、改造、运维等工作的咨询服务人员。

主要工作任务

1. 受建筑业主、投资主体委托或指派，收集项目建筑使用功能、能源资源需求、环境质量需求等工程资料；

2. 运用建筑能源与环境仿真模拟软件和检测设备，测评传统建筑、新能源和可再生能源建筑设计方案实施的能效和排放（含碳排放）情况，编写测评报告；

3. 编制建筑节能减排优化运行方案，验证方案效果，并提出调整改进意见；

4. 检查、测试、验证建筑竣工验收和运行阶段的设备系统运行效果，测评建筑能效，出具测评报告，提出建筑与系统调适改进方案；

5. 为建筑设计、施工、运营、质检、设备生产与制造等单位提供建筑节能减排等咨询服务；

6. 采集、整理、分析项目资料和效果，调整相关软件和模型，优化建筑及其系统和设备运行管理方式。

来源：《中华人民共和国职业分类大典（2022年版）》

职业畅想

作者：倪翊煊　　　　　　　班级：203班
学校：杭州市文海第二实验学校　　指导老师：万星星

705班：徐彦、陆荧荧、于子宸、杨逸帆

作者：徐彦、陆荧荧、于子宸、杨逸帆　　　班级：705班

学校：杭州市文海中学

身边探究

在你的日常生活中，哪些你看到的或者你用过的东西，或者你参与的事情，可能与建筑节能减排咨询师的工作有关系？在你的想象中，他们应该会做什么？

分享者高菀淇：建造高科技的房子。

分享者林奕洋：设计高级、没有污染的房子。

分享者秦紫嫣：指导工人建房子。

 未来的我

如果 20 年后你成为一名建筑节能减排咨询师，你会为这个世界做什么呢？

分享者叶芷含：开发一个太阳能光伏小区。

分享者王祺萱：建造零排放的工业园。

分享者倪翊煊：造省时省力和环保省料的积木拼搭楼房。

分享者何诺曦：用人工智能技术模拟分析，定制节能的房屋。

职场访谈

> **职业体验者：** 杭州市文海第二实验学校 203 班　林奕洋、秦紫嫣、叶芷含、高菀淇、王祺萱、倪翊煊、何诺曦
> **职业体验导师：** 汉嘉设计集团股份有限公司高级工程师　吴凯弘
> **访谈地点：** 汉嘉设计集团股份有限公司

高菀淇： 吴老师，您好！爸爸跟我说您的职业很棒，是建筑节能减排咨询师，还是建筑设计高级工程师，您能跟我们讲讲这个职业吗？

吴凯弘： 建筑节能减排咨询师是帮助企业在建筑物的规划、设计、施工、改造和使用过程中，指导建筑企业执行节能标准，采用节能型的技术、工艺、设备、材料和产品，提高保温隔热性能和采暖供热、空调制冷制热系统的效率，加强建筑物用能系统的运行管理，利用可再生能源，在保证室内热环境质量的前提下，增大室内外能量交换热阻，以减少供热系统、空调制冷制热系统、照明系统、热水供应系统因大量热消耗而产生的能耗等。

绿色建筑效果图（吴凯弘／提供）

王祺萱：吴老师，我已经大致明白建筑节能减排咨询师是做什么的了，那您跟我们讲讲，建筑节能减排能从哪些方面来实现？

吴凯弘：我们可以从建筑保温、建筑遮阳、建筑材料、建筑设计的合理性等方面来实现。就拿建筑保温来说，建筑平时用的材料是钢筋、混凝土和砖头，这些东西都没有温度，我们人体是热的，夏天需要凉快一点，冬天需要温暖一点。如果说建筑不做保温的话冬天就会很冷，夏天就会很热，建筑的保温就是将电转化为温度，同时将温度保存好。建筑的外墙、地板、屋顶等组成我们的建筑，外墙里、屋顶里、窗户里都加入保温材料，这样能将温度保存好。

秦紫嫣：吴老师，听您这么说，建好的房子可以实现节能减排，那么工地上也可以实现节能减排吗？

吴凯弘：当然可以啊，办公区使用太阳能路灯，生活区使用USB低压插座、LED灯带，施工区使用变频塔吊、变频电梯，就连废弃材料也可以回收利用或者作为某些部位的填充材料。这样不仅可以降低施工能源消耗，还可确保居住人的用电安全。

倪翊煊：原来是这样的，我明白了。吴老师，刚才您提到保温材料，好神奇，这是一种新型的材料吗？您可以给我们介绍一下节能减排的新型建筑材料吗？

吴凯弘：可以的。比如反射隔热涂料，它是利用高效反射颜料反射可见光和红外线的原理，有效阻止建筑围护对日光能量的吸收和传导，达到节能保温的作用。外墙反射隔热涂料可同时满足建筑外墙饰面与保温层的功能。使用反射隔热涂料可以降低外墙保温材料厚度，且施工费用低于传统保温材料。

林奕洋：好专业啊，听着就很神奇。吴老师，那在建筑行业，能通过改变自身的工作模式来帮助节能减排吗？

吴凯弘：这个小朋友问得非常好。要推动建筑企业向全产业链模式转型，需要通过资源整合打通设计、生产、施工等环节，形成一体化全产业链的工作模式，这样才能围绕"双碳"加快技术迭代和创新应用。对比传统建筑模式，装配式建筑主体结构部件全部在房屋工厂流水线上进行模块化生产，省去了传统的房屋施工系列复杂工序，比传统项目工期缩短3—4个月，而且拥有绿色、环保、节能、可循环等特点，可以减少9成的建筑垃圾。

何诺曦：原来通过改变自身工作方式也可以做到节能减排，好棒。在您看来，节能减排有其他什么重大意义吗？

吴凯弘：当前，每个国家都在争取更多能源，在这种大环境下，中国这样的人口大国，需要有充足的能源储备才能确保人民生活安定，在国际上也更有话语权。降低对传统能源市场的依赖，促进更经济高效的新能源的发展，节约能源，减少污染，不但能给我们小朋友的未来创造一个美好的自然环境，也能在大国竞争之中处于不败之地。

吴老师展示节能减排的新型建筑材料（吴凯弘／提供）

叶芷含：看来节能减排有这么重大的意义，就目前的形式来看，建筑节能减排咨询师的前景怎么样？

吴凯弘：绿水青山就是金山银山，在国家大力推动构建绿色低碳循环发展的经济体系的大环境下，建筑节能领域作为实现"双碳"目标中重要的环节，建筑节能减排咨询人员也将成为时代发展不可或缺的优质人才。但也需要能够贯穿全阶段，结合一线实践经验，将理论知识落实到实际生活中，才能发挥其应有的作用。节能降碳政策持续加码，我相信，未来十年"建筑节能减排咨询师"将成为热门职业。

 ## 体验分享

认识建筑节能减排小能手

科学与生产给我们的生活带来方便和快乐的同时，我们也看到一些更残酷的事实，地球上的能源在一天天地减少，地球不断遭受破坏、污染。人类只有一个地球，她是我们唯一的家园，作为地球上的一位成员，我们有责任也有义务维护我们美好的家园。老师说，在建筑行业就有这样一位节能减排的小能手，那就是建筑节能减排咨询师。这个职业，具体做什么？建筑节能减排咨询师是如何帮建筑穿上绿色的新装？带着我们心中的疑问，我们小队一起参观了一家建筑设计公司，让建筑节能减排咨询师吴凯弘老师帮我们解答心中的疑惑吧。

走入公司大门，首先映入我们眼帘的是一幅巨幕，展示着一幅幅设计师设计出来的建筑效果图，吴凯弘老师介绍道：这些效果图里的建筑可不

是普通的楼房，这些新建居住建筑能达到 75% 的节能标准，推进太阳能、地热能等可再生能源建筑应用，同时能够节省 50% 空间，能为精致户型的家庭释放更多的空间。同时我们还关注到，公司始终紧跟建筑技术的革新，进行"建筑节能设计和研究""建筑智能化设计和研究""高烈度区结构抗震设计和研究"等各种专业技术的应用和前瞻研究，参与编纂了《浙江省基坑工程技术规程》《浙江省建筑地基基础设计规范》等多项建筑设计技术标准，为实现美好人居环境添砖加瓦。

通过这次参观访谈，我们知道了节能减排的含义，节能就是节约能源，减排就是减少二氧化碳等污染物的排放，就是要求人们爱护环境，保护环境，习近平总书记说过"绿水青山就是金山银山"。节能减排，建筑是关键。在生活中，人们有约 70% 的时间身处建筑之中，绿色建筑势在必行。由此我们对这个职业肃然起敬，衷心希望更多人才积极投身其中，为建筑"绿色蝶变"贡献智慧。

（林奕洋、秦紫嫣、叶芷含、高菀淇、王祺萱、倪翊煊、何诺曦／文
指导教师／万星星）

 ## 指导教师说

"十四五"时期是开启全面建设社会主义现代化国家新征程的第一个五年，是落实 2030 年实现碳达峰、2060 年实现碳中和目标的关键时期。建筑行业是我国的"碳排放大户"。中国建筑节能协会 2021 年底发布的《中国建筑能耗与碳排放研究报告（2021)》显示，2019 年全国建筑全过程

碳排放总量为 49.97 亿吨二氧化碳，占全国碳排放的比重为 50.6%。由此可见，随着我国城镇化水平的持续提高，经济社会发展、建筑环境品质不断提升，城乡建设规模还会不断扩大，能源消耗仍将刚性增长。《中共中央 国务院关于完整准确全面贯彻新发展理念做好碳达峰碳中和工作的意见》对建筑节能减排提出了明确目标，提出"推进城乡建设和管理模式低碳转型""大力发展节能低碳建筑"等举措来提升城乡建设绿色低碳发展质量。建筑领域已经成为国家低碳发展的重点和难点，"十四五""十五五"将是建筑节能减排工作的机遇期，专业化、职业化的建筑节能减排咨询师将迎来良好的就业前景。

据了解，由中国节能协会指导的建筑节能减排咨询专业技能人才培育工作已全面开启，为建筑用能企业、建筑节能公司及其他相关企业确保节能效果，增强建筑节能收益，降低建筑节能项目实施风险提供专业人才保障。

在国家大力推动构建绿色低碳循环发展的经济体系的大环境下，建筑节能领域作为实现"双碳"目标中重要的环节，建筑节能减排咨询人员也将成为时代发展不可或缺的优质人才。建筑节能减排咨询专业涵盖能源、环境、循环经济教科研单位的技术、建筑工程、节能及建筑节能减排等相关领域。如果小朋友有志于成为一名建筑节能减排咨询师，应该从小就好好学习各门课程，了解相关知识和时事动态，为未来职业铺垫道路。

THREE 3 农业数字化技术员

职业编码：5-05-01-03

职业定义

从事农业生产、农业生活数字化技术应用、推广和服务活动的人员。

主要工作任务

1. 收集农业生产案例，分析数字化需求，提供农业数字化解决方案的素材和数据；

2. 组织实施农业数字化解决方案，为用户提供现场指导和技术培训；

3. 编写农业数字化生产或服务的技术资料，推广农业数字化生产和服务；

4. 讲解、示范数字化农业生产机具、设施及软件的操作、维护、保养方法；

5. 指导农业生产经营的数字化，为生产安排、产品销售、质量控制等问题解决的数字化提供咨询；

6. 指导农业生产规范的数字化，为农产品品质安全、农业生态环境安全、农业职业安全等问题解决的数字化提供咨询；

7. 指导数字化乡村建设，为有关部门采集数据提供组织指导服务。

来源：《中华人民共和国职业分类大典（2022年版）》

职业畅想

作者：杨雨璐 　　　　　　　　　　班级：703班
学校：杭州市文海中学 　　　　　　指导老师：韩丽

作者：顾师铭、刘峻熙　　　　　　　　　指导老师：韩丽
学校：杭州电子科技大学、杭州市文海中学703班

农业数字化技术员之歌
董书恒

新时代，新业态，
传统农业变了样儿，
提质增效靠数据，
传感器、无人机获取数据信息本领强，
融合数字与农业，农数员们立新功。

你看田野里，稻浪起伏，
你看农用无人机在空中穿梭，
你看数显大屏边，鸟儿展翅飞过。
我们是光荣的农数员，
面前是电子屏幕，背后是千亩设施万亩田，
我们的生活就是这样，扎根农业奋力创新，
我们的愿景就是这样，全力投入只为祖国乡村
振兴！

作者：董书恒（文）、李晨予（图）　　　班级：703班

学校：杭州市文海中学　　　　　　　　指导老师：韩丽

智慧农业

杨雨璐

选选种子施施肥,
土壤分析补个硒。
实时监控好好种,
到时到点儿乐丰收。
二维码上扫一扫,
微商城上下个单,
来个瓜儿来个菜,
到家炒炒吃饭饭,
营养美味又健康,
大人小孩乐哈哈。

作者:杨雨璐(文)、刘峻熙(图)　　　班级:703班

学校:杭州市文海中学　　　指导老师:韩丽

数字农业顶呱呱
刘晓彤

小小子儿，去农场，
无人机，洒农药，
风式太阳能，杀杀虫，
数字恒温，乐哈哈。
农田里，暖洋洋，
叶儿绿，花儿红，
瓜儿长得顶呱呱，
健康美味，到万家。

农业科技童谣
叶知秋

蔬菜宝宝墙上爬，
瓜果宝宝半空挂，
无人飞机来回跑，
来回播撒生长药；
鱼虾宝宝住暖房，
温度湿度控制好，
农业生产数字化，
未来乡村顶呱呱。

作者：董书恒（文）、李晨予（图）　　　　班级：703班

学校：杭州市文海中学　　　　　　　　　指导老师：韩丽

身边探究

在你的日常生活中，哪些你看到的或者你用过的东西，或者你参与的事情，可能与农业数字化技术员的工作有关系？在你的想象中，他们应该会做什么？

分享者董书恒： 测试植物叶片颜色的光谱仪可能与农业数字化技术员的工作有关。我认为他们应该会看电脑，会设计机器视觉一样的东西，通过仪器设备代替人分辨植物生长状态。

分享者李晨子： 稻田边温湿度电子显示屏、温室大棚、无人机与数字农业化技术员的工作有关。我认为他们会编电脑程序，做电子产品相关的工作。

 未来的我

如果 20 年后你成为一名农业数字化技术员，你会为这个世界做什么呢？

分享者刘峻熙： 用电子元件建造农业相关的智能控制设备、机器人等，解放更多的劳动力，让农民有更丰富的生活。

分享者董书恒： 研发高效低耗的无人智慧农场，为人类提供健康的食品。

分享者叶知秋： 设计农用无人机用于查看田野里农作物的生长态势，研究开发无人机专用的安全环保农药。

分享者杨雨璐： 坐在宽敞明亮的办公室里点开整堵墙的显示屏，查看

温室、田野里农作物的生长态势，线上查看农产品销售排行榜，要求机器人提供一个作物种植方案，为人类提供安全健康的农产品。

职场访谈

> **职业体验者**：杭州市文海中学 703 班　叶知秋、刘峻熙
> **职业体验导师**：浙江省农业科学院研究员　顾清
> **访谈地点**：浙江省农业科学院

叶知秋：顾老师好。我们知道数字农业是农业现代化的重要内容，数字农业的核心技术必须掌握在我们自己手里。您是否可以介绍一下我们国家数字农业涉及的硬件设备中，拥有自主知识产权的有多少？进口设备主要有哪些？

顾清：摄像头、气象站设备等简单、常用的物联网设备都是国产的，无人机也是国产的。然而，数字化农业专用设备中的芯片等核心部件目前主要依靠进口。

叶知秋：数字农业中传感器等硬件投资多少？您建议投资规模多大的农场可以采用以传感器为主的数字化设备？

顾清：传感器每个 300—600 元，摄像头每个 3000—5000 元。温室大棚的农业硬件设施需投资 50 万—100 万元，一个最简单的温室大棚大概要 1 万元。通常温室大棚都会获得政府补贴支持，最简单的一个大棚投资费用是 2 万—5 万元。目前，数字化大棚投资没有专门的标准，投资规模主要根据用户用途、具体的投入和产出情况概算。

叶知秋：与传统种植模式相比，采用数字化种植管理模式，农业的产值会增加多少？数字化农业设施等投入成本，大概多长时间可以收回？

顾清：数字化种植管理模式的效益由生产的对象、作物生长周期与投入规模等因素决定，不能一概而论。

叶知秋：使用多长时间后传感器等数字化硬件就需要维护保养？谁负责硬件维护？是生产厂家还是农场主，抑或是农业数字化技术员？

顾清：户外的传感器一般一年维修保养一次，一年内出问题包换，维护是由施工单位负责的。数字化设备维修保养在合同中有约定。合同一般约定，施工方负责数字化设备系统 1 年维保和 2 年数据维护。数字化设备维保主要由农业数字化技术员完成。

叶知秋：数字化设备的准确率达到什么程度？是否需要使用者进行人工干预、纠错？

顾清：数字化设备使用一年后其精确度会下降，但仍可保障 95% 以上的准确率。数字化设备不需要使用者纠错。

叶知秋：如何保护电子商务、农业技术机密的基础数据安全？

顾清：主要是研究领域需要保护数据安全，数字化农业设施使用者负责数据安全。在实际应用中，数据信息保密加密的场合不多。目前，数据安全按照谁采集谁负责的原则实施。

叶知秋：是否有数字化设备本身的安全风险的应急预案？如全场停电、满载农药的无人机飞行失控、传感器设备监测的数据出错从而导致控制决策错误等安全事故发生，数字化农场是如何应对的？

顾清：大多数数字化设备是太阳能供电设备，临时性的停电没有太大的影响，尽快恢复供电即可。无人机本身也有保险，需要技术过硬的人员来进行操控，可能有备用的无人机，保证农事不会被耽误。数据如果偏差太大，就要去检查设备，需要结合农事活动依据经验判断来进行纠偏。

叶知秋：数字化系统在农业领域应用过程中的关键是什么，是经济性、安全性还是可靠性？

顾清：安全性没有太大的问题，相比安全性、可靠性，经济性是最重要的，要考虑投入和产出。数字化系统在农业领域中应用的关键在于如何去用数据，如何真正服务于生产。例如，在浙江省，安吉白茶在农产品溯源方面取得了一定成绩，为白茶"从茶园到茶杯"的全程管控提供保障。例如，在植物工厂或设施农业里，配备投入不高的数字化设备，就可以通过手机控制自动调整参数或者变量，这将有助于提高生产效益。

刘峻熙：农业数字化技术员应该具备哪些职业技能？具有农业数字化技术专长的人多不多？

顾清：农业数字化技术员需要具备的职业技能因岗位不同而不同。比如，从事产品研发领域的农业数字化技术员，需要具备自动化领域专业特长，对他的职业技能要求最高。从事数字农业应用的农业数字化技术员需要具备农业专业知识背景，需要懂安装设备，采集数据。农业数字化技术员需要了解农业、计算机等学科知识，他们应该是一种交叉学科的专业人才。目前农业数字化方面的人才不是很多。

刘峻熙：目前国内应用农业数字化技术相对成熟的农场有哪些？哪些是业界大咖？和国外比，国内数字农业主要差距在哪些方面？国内科研人员应该重点突破的技术重点是什么？

顾清：目前还没有特别有名气的成熟的数字化农场，在某些领域，例如极飞科技在农业领域有较大的名气，该公司主要从事无人机、机器人、自动驾驶、人工智能、物联网等技术产品推广应用。在数字化农业领域，国外具有明显领先优势，在植物生长模型方面有较深入的研究，不同品种植物在每个生长阶段的参数调控系统完善，可以智慧化管理的植物品种比较多。国内，目前采集的农业数据很多，但是海量数据仍然需要很好地挖掘、应用。另外，数字化农业应用需要以长期积累的实验数据为基础，需要以搞清楚不同作物的生长模型为基础。目前，我们可以采购国外进口设备使用，但我们不能获取其核心数据参数，核心参数需要国内的科研人员自行研究。数字化农业设备的核心数据参数是目前亟待国内科技人员攻关的重点和难点。

> **职业体验者**：杭州市文海中学 703 班　董书恒
> **职业体验导师**：浙江大学数字农业农村研究中心博士研究生　谢鹏尧
> **访谈地点**：浙江大学数字农业农村研究中心

董书恒：谢老师好！目前，国内农业信息智能感知技术主要获取哪些农业信息？农业信息智能感知技术涉及的硬件装备包括哪些？国内科研人员重点关注哪些难点问题？

谢鹏尧：国内这套技术主要获取农业环境数据、作物生育动态两方面信息。作物生育主要指农业植物各生育阶段的长势、长相、内部生理变化和产量结构等状况。这套技术涉及的硬件装备包括植物表型平台、传感器、物联网信息传输装备等。植物表型平台主要是机器感知植物颜色判断植物生长状态的设备。对于移动式植物表型平台而言，国内科研人员重点关注的共性问题有机构设计，目标智能识别、定位和自主导航，最优化位姿局部采样，等等。

董书恒：对于植物表型平台获得的大数据，你们是如何分析的？怎样从这些数据中获取信息？无人机高通量植物表型大数据分析的方法有哪些？

谢鹏尧：植物表型平台获得的数据很多，一般利用各种机器学习和深度学习算法进行数据处理，也就是用计算机进行深度分析。对于无人机而言，除了上述通用方法外，还需要对多源图像进行图像配准和数据融合。目前，不同阶段的高通量植物表型大数据分析技术准确度较高。室内导航定位精度大约在毫米级，GPS定位精度大约在厘米级，表型参数解析方面的精度依赖于传感器的分辨率，无人机尺度下精度大约为厘米级，近端的三维扫描成像等大约为毫米级。

董书恒：我看到杂志说无人机搭载专业设备可以获得大田里的作物生长状态信息。无人遥感技术的原理是什么？无人机遥感技术获取的田间信息与地面物联网传感器系统获得的信息是不是可以合并在一起？

谢鹏尧：无人机低空遥感是高档的农业数字化技术，它以无人机为飞行平台，以高分辨率数字遥感设备为机载传感器，获取低空高分辨率遥感数据。这种技术可用于国土资源调查中突发应急监测、重点区域监测、遥感采样定标等数据的快速获取和处理。无人机低空遥感系统目前已从研发阶段逐步发展到实际使用阶段，并将成为未来主要的航空遥感技术之一。对于作物监测和农田管理而言，无人机低空遥感是一种高通量的表型检测技术，它可以获得作物株高、产量、养分含量、光合能力性状等数据。这些数据的地面真实值均可通过田间物联网进行测量。无人机遥感数据和物联网测量值可以进行比对、拟合回归，物联网的数据可以验证无人机遥感数据的精度。无人机获取的数据和地面上的物联网数据可以相互配合着一起使用。

职业体验者：杭州市文海中学 703 班　杨雨璐
职业体验导师：浙江中农在线智慧农业有限公司董事长　裘进
访谈地点：浙江中农在线智慧农业有限公司

杨雨璐：裘老师好。您能否介绍一下贵公司针对农业生产研发的"基地通"数字化管理系统？

裘进："基地通"是一款专门面向现代化农业产业园、农场等农业生产经营主体开展农事生产活动，提供多项服务的多平台管理系统。它综合应用物联网、二维码、大数据等技术，对生产要素进行数字化建档，并通过作物解决方案对基地进行实时的技术指导并规范其生产，将传统以"人的经验"为中心的种植模式转为以"数据驱动的标准化"种植模式。

杨雨璐："基地通"的目标是什么？"基地通"是如何获取农作物生产全程管理信息的？

裘进："基地通"的目标就是通过记录农事活动，实现农作物安全生产全程管理。"基地通"主要按照农作物生产全程的农事记录，紧密结合作物全程管理方案，着眼于农作物生产过程溯源电子化，实现农事操作记录的流程化、便捷化。

杨雨璐："基地通"的具体功能有哪些？应用情况如何？

裘进："基地通"的具体功能包括：（1）作物解决方案全程指导。在全年种养各节点和阶段提供农业技术服务建议，以农事管理系统的形式为农户做出准确及时的推送提醒，引导农户作业，实现适宜的时间做合理的农事。（2）基地产品质量溯源。收集农业信息化管理、作物解决方案实施、日常农事记录、日常农技指导和农资配供等服务数据，整合农业生产主要环节，为农产品品控溯源提供种植全程数据链条，并开放对接"浙农码"接口。（3）生产标准化管理。农事管理、农事记录。（4）农业投入品使用管理。将基地用药用肥产品和数量进行详细记录管理，推动肥药两制实施。"基地通"的具体应用流程包括：依托基地通服务，形成农作物生产基地的健康码，包括基地信息、种植户信息、生产过程信息、用肥用药信息、农事活动信息等，并可与新型庄稼医院的服务数据打通，实现数据

支持。

职业体验者：杭州市文海中学 703 班　杨雨璐、李晨予
职业体验导师：浙江菜妞农业科技有限公司董事长　王高远
访谈地点：浙江中农在线智慧农业有限公司

杨雨璐：王老师好！公司基地种植哪些农作物？农业种植过程中，有和数字农业相关的环节吗？

王高远：公司基地以蔬菜水果种植为主，蔬菜占基地种植的 80%，水果占 20%。千岛湖高山小土豆和老南瓜广受好评供不应求。基地实行农业生产的标准化作业流程，从土壤分析、种子品种选择、农药有机肥检测到采摘，全程实行可视化运作，并进行实时数据采集，便于溯源体系建设。

杨雨璐：农作物生产过程中是如何进行数字化管理的？

王高远：根据土壤分析选择适合种植的农作物品种；有机肥调整土地营养到最佳状态；根据种植面积和种植条件预估产量，提前通过商城预订，实现产销一体化，并且实时跟踪记录各环节数据，实现全程可溯源。

杨雨璐：公司有没有农产品流通信息化管理系统？

王高远：公司自主研发了进销存管理的 ERP 系统，并且搭建了线上销售商城，农产品集体采摘后信息直接录入系统，可以实现进、销、存的实时监测。

李晨予：农产品流通信息化管理系统对农业生产有影响吗？

王高远：管理系统为农业种植提供比较准确的参考数据，指导整个农作物品种选择和生产面积。

李晨予：公司是否还有电商运营平台？电商销售平台的数据是不是也

对生产有帮助？

王高远： 公司有两个电商平台，一个是针对集团的菜妞新鲜生活，还有针对 C 端（Consumer）客户的岭上花开微商城。今年开始和盒马生鲜、拼多多买菜、美团优选等平台合作，进一步打通基地生产到终端销售的环节。希望通过销售端口数据分析指导完善生产的标准化流程。

> **职业体验者：** 杭州市文海中学 703 班　董书恒
> **职业体验导师：** 成都通威水产科技有限公司高级畜牧师　邓玉平
> **访谈地点：** 微信线上访谈

董书恒： 邓老师好！您是否可以介绍一下公司在安徽省和县善厚基地水产池塘养殖系统使用的"智能管控系统"的基本情况？这个管控系统目前有没有在用？

邓玉平： 这个"智能管控系统"应用无线传输技术、传感器技术、软件开发技术，集成一批物联网设备搭建，该系统可以实现水质监控、环境监控、精准化投喂等自动化管理。用户可以通过手机 App 小程序访问"智能管控系统"，用户可以在手机上实时查看养殖池塘水温、pH、溶解氧等水质参数，远程控制水泵、增氧、投饲等设备。用户还可以通过管控系统实时查看现场环境视频等，解决养殖场"人必须在现场"的问题，极大地改善养殖工人的工作条件。目前，该系统正常运行。

董书恒： 池塘养殖场采用了"智能管控系统"，经济效益如何？

邓玉平： "智能管控系统"的经济效益主要体现在可提高工人的效率，节约劳动成本，优化养殖工人数量；"智能管控系统"相对于根据经验的控制方式，更科学地利用各类水产养殖设备，对于节约用电、节约用水、降低水域污染均有积极的作用；通过对水质的在线监测，对于降低饵料系数、降低养殖成本有明显的效果。

董书恒：公司这套"智能管控系统"的研发工作是由几个人完成的？研发一套这样的系统需要多长时间？

邓玉平：智能管控系统由8名技术人员负责研发，开发该套系统需要4个多月，系统开发完成后还需要不断调试、改进和完善。要想使智能管控系统成为比较好用的系统，需要1—2年的积累。

董书恒：这套系统用到的元器件是否都是国产产品？在这套系统研发过程中，遇到哪些技术或者工程上的难题？

邓玉平：该套系统的元件产品全部为国产产品。该系统的技术难题是养殖池塘的水体一般浮游动植物较多，容易附着在传感器上，导致测量不准，对智能化控制有一定的影响。

董书恒：你认为如果全国水产池塘养殖场推广这种智能管控系统，难点在哪？

邓玉平：如果在全国水产池塘推广，最大的难点应该是价格较高。目前国内池塘养殖单亩利润较低，甚至亏损，而智能管控系统需要较高的投入，养殖户一般不愿意在这方面进行投入。因此，该套系统主要面对的群体是集约化程度高、养殖面积大的大型养殖场、渔业园区或者养殖公司。

体验分享

数字农业观后感

国庆期间，我和李晨予等几位同学组成了实践小队，共同进行数字农业的调研。

我们来到位于乔司的数字农业基地，技术员叔叔先给我们简单介绍了数字农业的应用情况。令我印象最深刻的是，他说植物也会生病，植物技术人员会通过检测及时发现问题。我有一个一直迷惑不解的问题：农药虽然能灭虫，但是对人体有害，有没有比农药更好的灭虫方法？"有，"叔叔说，"放鸭子。"从这里也可以看出，目前数字农业虽然发达，但还有发展的空间。

后来，老师带我们参观了数字大棚，一个恒温室、两个暖房和多个实验室。其中一个实验室研究的是植物形态结构和生理功能性状的测量。在我们头顶上方有一个大仪器，相当于现在医院的 X 检测线，可以移动到植物面前，给植物拍照，并能够实时把数据传递到后台操作人员的屏幕上，对植物的三维模型、全生育期进行研究。

此外，我们还看了转基因的番茄和水稻的模拟实验，知道了恒温室里面温度很低，转基因也是一种灭虫方法。我们感受到，科技为农业的产量、质量的提高带来很大的帮助，为人类带来益处。

参观了数字农业园、听取了讲解后，一幅未来乡村的景象在我眼前徐徐展开：

农业技术人员远程操控的无人机在大片稻田里播洒农药，多架无人机自动飞了回来。哦，这台是快没电了，需要更换电池，另一台是农药洒完了回来换装。众多无人机来来回回，就像蜻蜓飞在湖面上一样。

技术人员利用手机远程查看温度、湿度的保持情况，并根据植物的生长阶段，进行不同阶段的生长干预。哦，到了番茄需要增加光照的阶段，然后模拟阳光的灯光打开。

通过不断改变植物的基因让番茄有更好的口感、更少的虫害、更短的生长周期、更大更重的果实等等。

数字农业在不断进步，随着科技的不断发展，农业也会发生翻天覆地的变化。

乔司农场参观体验

2022年10月5日下午，我们文海中学703班金沙学府小分队共5位同学来到了乔司农场小田星营地进行了参观体验。农场的工作人员先后介绍了农场田地认领活动、数字化大棚的建设和农场劳动体验的情况。

如今，在杭州，越来越多的人当起了快乐的都市菜农。有人去郊区开辟荒地，有人将阳台精心打造成菜园，也有人争抢着认养私家农场。为了拥有一片土地，认养私家农场开始成为新的生活方式。据工作人员介绍，乔司农场小田星营地自2022年4月启动认领活动以来，7亩多农田已经吸引了百余位认养人，每块地费用2500—3000元；他们大多以家庭为单位，爸爸、妈妈或爷爷、奶奶带着小朋友一起来体验"汗滴禾下土"的乐趣，除此之外，也不乏向往田园生活的上班族来体验。

之后，我们来到了农场的数字化温室大棚。据技术人员介绍，现代农业中的作物生长和其所在环境密切相关，其中环境因素主要包括土壤温湿度、空气温湿度、光照强度、二氧化碳浓度等。为使作物能够在最适宜的环境下生长，技术人员设计了数字化温室大棚，通过各种传感器对现场数据进行采集，利用物联网技术将各类数据发送到大数据云端，利用真实的生产数据找到植物各个时期的最优生长环境，从而促进农作物的生产。同时，技术人员还给我们介绍大棚内目前种植培养的农作物、相关的传感设备和现场控制设备的操作等。

最后，我们在农场的一块水稻试验田中开展了割稻打谷的劳动体验，我们感受到了劳动和丰收的喜悦。

数字农业体验

今年暑假，我们小分队参观了杭四中的农业种植养殖园。老师给我们讲解了种植与养殖的基本知识，还带我们参观了自动灌溉、养分控制系统等。在老师带领下，我们认识了西瓜、西红柿、芦笋、丝瓜、玉米等农作物，近距离观察了羊、鹅、孔雀等动物，体验了锄头等农具的使用方法。

国庆假期，我们小分队又参观了乔司农业基地，这里的老师给我们介绍了数字化农业。数字化农业是将信息作为农业生产要素，利用现代信息技术对环境和农业生产全过程进行可视化表达、数字化设计、信息化管理的现代农业。在这里我们看到了无人机喷洒农药、风吸式太阳能杀虫灯、恒温恒湿的数字化大棚、数字驾驶舱，还体验了割稻谷和打稻谷。

这次职业体验，使我对现代农业的发展有了新的认识，数字农场是通过遥感、人工智能等技术，将农田、环境、种植等信息进行全面数字化，从而帮助农民实现标准化生产管理。无论是杭四中的农业基地还是乔司农场，都使我深深感受到科技的力量，在未来，更多的智能机器人将被投入到农业生产中，从"靠经验"到"靠数据"，形成"种植有大脑、生长有智慧、销售有追溯"的现代农业模式。我们也要好好学习知识，将来有一天能为数字农业做出贡献。

城市里的田园梦

国庆假期，我和班上的几个好朋友一起去参观了小田星营地，这里距离主城区不远，我们开车二十几分钟就到了。

刚下车我就被大片种植大棚吸引了。讲解员说，这里的种植大棚用的不是传统的大棚，而是智能的数字化大棚，除了传统懂种植的农民，这里还需要懂技术应用的农业数字化技术员。这可吊足了我们的胃口，恨不得马上探个究竟。

跟随着讲解员，我们先来到一片绿色的农作物前。他告诉我们，这里是无人机喷洒农药作业区，这个无人机和我们平时玩的无人机不一样，是通过地面传感来划分区域的。无人机在划分的区域里就可以进行精准作业，简直像一个高空机器人一样，守护着自己的领地。

继续往前走，我们来到了数字化大棚里，这种数字化大棚比传统大棚更宽大，我们像是置身于一个巨大的植物科学实验室，整个大棚里只有一位技术员。每一株幼苗旁边都有带孔的细管，是通过手机就可以控制的灌溉系统。技术员给我们展示了一键换光照，通过手机系统的操作，大棚顶上的遮阳棚徐徐关闭，这样就可以根据需求控制植物的进光量了。大棚的四周是各种操作台，通过操作大屏幕，可以对室内温度、光、水、肥料、空气等情况进行调节，一个技术员就可以抵以前三个人的工作量，这大大提升了工作效率，还节约了人力成本。

第一次以这种方式深入探访小田星营地，我感觉很奇妙，就像经历了一次农业技术探秘之旅。原来我们吃的各种蔬菜水果，就像科幻片里的健康精灵一样，是以这样的方式来到我们身边，它们的背后有千千万万个科研人员和技术人员在劳作和努力。

我的数字农业梦想

"在树头刚生出几分鹅黄的绿时,农民在田野上牵着牛耕地。在秋日里,人们在阵阵稻浪之中用双手来收下这份回报。"这是我们对农业固有的认识。几千年来,人们用双手持着简单的工具,凭着经验进行各项农业生产活动,而近年来,一场空前的数字农业革命已经展开,人们用各种智慧工具来采集各种信息,在一块块大屏的闪动中运筹帷幄,让辛勤的劳动更有回报。

数字农业,一种全新的农业技术,它不同于传统农业靠天吃饭的命运。它采用全新的技术,实现机械化、信息化、自动化。在数字农业基地中,在温室大棚里,数以万计的传感器时时监测每一株植物的生长情况,

杭州乔司农场小田星营地数字农业设施(李晨予家长/提供)

数以万计的遮光器、排风机、喷淋器在精准调控中保证植物生长处于最佳环境中，人们在电脑上轻轻一点，温室里瞬息万变。

期待我们这一代人能够将数字农业做大做强，实现生态环境健康与信息化技术高速发展融合，让我们的环境更健康、食品更安全。

（叶知秋、杨雨璐、刘峻熙、李晨子、董书恒／文　指导教师／韩丽）

杭州乔司农场小田星营地数字温室大棚设施（刘峻熙家长／提供）

指导教师说

农业是关系国计民生的重要产业，农业强国是我们建设社会主义现代化强国的根基。近年，农业生产技术发展迅猛，农业数字化是实现农业现代化的重要驱动力。农业数字化涉及农业的生产、消费、分配、交换等环节。《中共中央　国务院关于实施乡村振兴战略的意见》明确提出要实施数字乡村战略。农业数字化是数字乡村战略里的重要内容。国家《"十四五"数字经济发展规划》指出，"发展数字经济是把握新一轮科技革命和产业变革新机遇的战略选择"，要求加快推动种植业、畜牧业、渔业等领域数字化转型，加强大数据、物联网、人工智能等技术深度应用，提升农业生产经营数字化水平。农业数字化技术员是农业领域数字化的中坚力量，如果同学们将来能成为一名农业数字化技术员，将是一件无比光荣的事情。

国家农业数字化的根本目标是提高农业生产质量和效率，同时解决农业从业人口减少与老龄化的问题。国家数字乡村战略的实施将彻底颠覆大家对农民的印象。现代农民不再是面朝黄土背朝天，他们将是掌握着无人机、机器人、人造卫星、物联网等高科技的新农人。农业数字化技术员将是架起农业、农村、农民和高科技的桥梁。然而，目前农业数字化技术员的专门人才比较匮乏，还不能满足国家农业数字化转型的需求。希望同学们自觉将个人发展志向和国家发展战略需求密切结合，从小树立远大目标，认真学习书本知识，做好"修身"，时刻准备着为国家发展贡献自己的力量。另外，农业数字化技术员的专业素养要求较高，要求懂传统农业生产、电子商务、乡村治理，也要求懂信息化技术、互联网技术，是一类掌握交叉科学知识的新农人。对农业数字化感兴趣的同学，平时应该注意涉猎多学科知识，不断扩展自己的知识面。

FOUR 4 连锁经营管理师

职业编码：4-01-02-06

职业定义

使用连锁经营管理工具，从事业态定位、品类管理、营销企划、顾客服务、视觉营销等门店运营业务管理工作的人员。

主要工作任务

1. 设计连锁体系，厘清总部与门店权责，规划门店运营模式；

2. 分析门店经营数据，制定经营目标与计划并组织实施；

3. 调研商圈特征，拓展新门店，进行业态定位与品类结构调整；

4. 进行商品进货、销售和储存，策划门店促销活动并组织实施；

5. 设计门店动线，负责布局规划与商品陈列的落实；

6. 设计门店服务体系，培训、激励一线营业人员做好顾客服务工作；

7. 维护门店外围关系，处理门店管理相关事务；

8. 管控门店日常运作，对门店业绩进行评估与优化；

9. 组织门店及商品管理安全自查。

来源：《中华人民共和国职业分类大典（2022年版）》

职业畅想

多胞胎

我走在不同的街道

却看到一模一样名字的几个店

它们的招牌一样

装修一样

布置一样

里面卖的东西一样

提供的服务一样

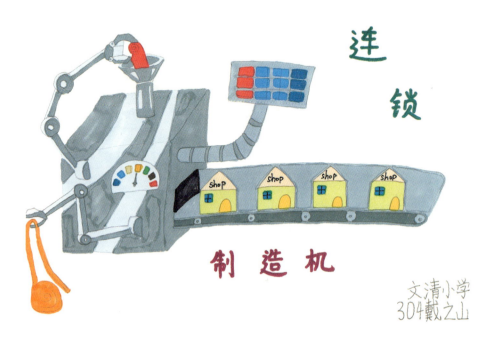

连

锁

制 造 机

文清小学
304戴之山

连服务人员穿的衣服都一样

当我在怀疑我是不是发生了思维错乱

其实是走入了同一家店的时候

妈妈给了我解答

这是连锁门店

我明白了

原来"连锁"

就是一个个长得一模一样的多胞胎呀

作者：戴之山   班级：304班

学校：杭州市钱塘区文清小学   指导老师：吕书影

十项全能

连锁体系我统筹

各级权责我厘清

门店运营我规划

经营数据我分析

任务目标我制订

计划指标我完成

商圈特征我调研

门店新客我拓展

业态定位我确定

文清小学
304戴乙山

品类结构我调整

进货存储我把控

商品销售我负责

促销方案我策划

活动计划我实施

门店动线我设计

布局装饰我牵头

商品陈列我落实

外围关系我维护

日常运作我管控

门店业绩我评估

不足缺陷我优化

经营管理我拿手

十项全能新职业

连锁经营管理师

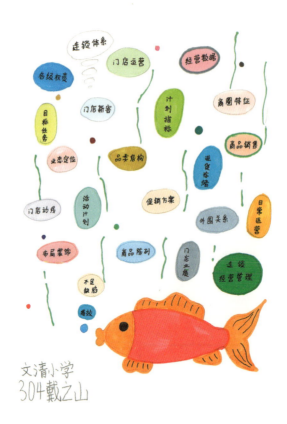

作者：戴之山　　　　　　　　班级：304班

学校：杭州市钱塘区文清小学　　指导老师：吕书影

身边探究

在你的日常生活中，是否接触过连锁经营管理师？在你的想象中，他们日常的工作是怎么样的呢？你认为一个好的连锁经营管理师，应该具备哪些知识和技能？

分享者邹越：我没有接触过连锁经营管理师，以前也没有听说过这个职业，但从字面上的意思来理解的话，应该是管理连锁品牌公司的领导人或者是领导团队吧。我觉得他们应该是会经常去外地考察、参观其他连锁经营店，学习别人好的经营管理方法，然后回来总结归纳。还有就是接待客人，了解客户的需求，帮客户整理方案，或者给客户推荐开哪类连锁店，有时候还要陪客户去考察店面、选址，应该也会经常开会一起探讨连锁经营方案、接待客人、培训员工。一个好的连锁经营管理师，除了熟悉连锁经营业务，还要具备良好的职业道德、在专业领域里不断探索和追求的精神、优秀的领悟能力，具备专业的财会知识、法律知识等等。

分享者毕茗宣：没有接触过，但我知道肯德基、麦当劳、瑞幸咖啡等连锁店。我觉得那里的工作人员日常工作很忙很杂，每天要处理大大小小的事情。作为一个优秀的连锁经营管理师，需要具备商业思维、有前瞻性，还要有管理能力、沟通协调能力以及洞察客户需求的能力。

分享者刘毅宁：我并没有接触过连锁经营管理师，但是我去过他们工作的店，有连锁食品店，比如肯德基、麦当劳；我还接触过一些连锁经营的超市，比如永辉超市、好乐多；我还接触过连锁经营的酒店，比如开元名都、希尔顿。我觉得他们的日常工作是要思考怎么才能把店给发展起来，怎么才能开更多的连锁店，怎样能让自己花出去的钱最少，但是赚进来的钱更多。我觉得连锁经营管理师需要具备市场意识，要有乐观的态

度，还要懂电脑操作。

 # 未来的我

如果 20 年后你成为一名连锁经营管理师，你会怎么做好这份工作？你觉得通过你的努力，可以为连锁经营行业或者为这个社会做出什么贡献？

分享者邹越：如果 20 年后我成为一名连锁经营管理师的话，我首先会选择一个我自己喜欢的领域。因为爱好是最好的老师，能让我不断地钻研学习，而不会觉得无聊乏味，能让我成为这个领域的佼佼者。然后我会让自己成为公司里所有人的榜样，爱岗敬业，有较强的时间观念，把工作时间和业余时间很好地区分开，说话算数，当天的事情当天做完，绝不拖拖拉拉。只有自己做好了，公司员工才能更加努力工作，为公司创造价值。创造价值，这个肯定可以的，每个人都有自己的价值，但我会以身作则，为身边的人树立一个好的榜样，我相信通过我的努力，可以为消费者提供一些好的优质的连锁经营商家，让消费者随时随地都能享受到同样优质的服务和消费体验。

分享者毕茗宣：要学习很多知识和技能，要快速参与社会实践，了解行业趋势和发展，学无止境，边做边学边悟。为行业和社会做出贡献，我觉得是立标杆，做榜样，弘扬品牌的正向影响力！

分享者刘毅宁：如果 20 年后我当上了一名连锁经营管理师，我选择当金沙印象城迪卡侬旁边的肯德基的店长。首先，我要保证我的产品不会缺货。其次，我会让我的员工给客户留下一个服务态度良好的印象。再次，我会搞一些活动，让一些没有吃过肯德基的人，吃到我的产品，并且爱上我的产品。要说到贡献，我想我不会再当一个肯德基的店长，我会在中国创建一个连锁品牌来卖一些食物，在中国打好基础之后，再到外国去打拼，把一些食物产品销往国外，比如销往日本、韩国、美国、欧洲，到国外去卖中国的食物。

 职场访谈

职业体验者：杭州市钱塘区文清小学 304 班　戴之山
职业体验导师：浙江杰拉网络技术有限公司董事长兼 CEO　王大祝
访谈地点：浙江杰拉网络技术有限公司总部大楼

戴之山：王老师，您好，我在杭州看到了很多您的品牌连锁店杰拉网咖，您可以给我介绍一下杰拉网咖吗？

王大祝：好的，你看到的杰拉网咖是我们的全资子公司浙江杰拉科技有限公司的产品。我们杰拉科技旗下有杰拉网咖、杰拉电竞、战壕网咖等连锁品牌，杰拉网咖是我们的明星产品。目前单杰拉网咖这一品牌在全国累计门店 1000 多家，有效会员超 1000 万人，门店覆盖全国，并成功拓展了澳大利亚、美国、印度等海外市场，在行业内排名全国第二。

戴之山：我听我妈妈说，网咖有两种形态，一种是连锁，一种是单体。我想知道王总为什么选择做连锁网咖而不是做单体门店呢？

王大祝：从现状分析行业动向，网咖品牌连锁化与管理智能化是必然趋势。网咖的品牌连锁化给门店带来了专业高效的连锁服务，以专业的管

连锁经营管理师在门店吧台迎接客户（吕书影／提供）

理、空间、服务提升门店核心竞争力，为加盟店提供优质资源、专业指导以及建店帮助，促进行业抱团，让优势资源互补。智能化的现代管理让门店管理者们不再被困在门店内，而能随时随地了解门店运营及消费者动向。因此连锁有更强劲的生命力。

戴之山： 听上去，经营连锁网咖的人需要有很多专业知识和技能，那么您有那么多连锁门店，就需要大量这种专业化的人才，我想知道，公司是如何解决这个问题的呢？

王大祝： 我们有自己的商学院，借助杰拉 20 多年的经营管理经验积累，专门用来培养网咖连锁经营的专业人才，在实际工作中，让连锁经营管理师的能力得到实战性的提升。我们的商学院为行业输送了大量人才，还多次受到了中国互联网上网服务行业协会的表彰。与此同时，为促进高等职业技术教育及应用型专科教育的发展，推动校企合作，实现以需促学、学以致用的目的，培养全面发展、综合素质高、应用能力强、为企业所用的实用型人才，自 2015 年起，杰拉与浙江水利水电学院经济与管理学院进行"杰拉精英班"的定向培训培养合作。

连锁经营管理师们在参加公司的培训活动（吕书影／提供）

"杰拉精英班"项目能充分发挥校企双方的优势，既能为学生提供实习、实训、就业的平台与机会，又能实现杰拉人才的持续供给，也将为企业培养更多高素质、高技能的应用型人才。因此，"杰拉精英班"，无论是对学生，还是对杰拉，抑或是对其他企业，都是一个非常有意义的项目。

杰拉与水利水电，比邻而居；水利水电"自强、务实、尚德、求真"的学校精神，与杰拉"拼搏、创新、诚信、友爱"的企业文化，不谋而合；两者更是"杰拉精英班"的同盟军。我们将一如既往地全力支持"杰拉精英班"，并希望未来有更多的精英，通过这个平台的选拔、历练，进入"杰拉大家庭"，成为真正的"杰拉人"。

戴之山： 因为新冠疫情的影响，我看很多店铺都关闭了，您的公司是否受到了影响呢？影响大不大？公司有没有什么措施来应对这场疫情带来的危机呢？

王大祝： 这次新冠疫情的确对公司的发展造成了很大的影响，我认为这是很大的一个危机、挑战，同时，这也是一个机遇。首先，品牌化和连锁化会成为必然的趋势。在竞争激烈的市场上，消费者希望在同等付出的情况下，享受到品牌的"溢出"价值，得到更好的服务和游戏体验，这会使得连锁化和品牌化的趋势越来越明显。其次，网咖会走向小而美的模式，例如目前网吧动辄有几百台电脑，未来会更多出现50—80台规模的网吧，当然这也和各地的实际情况有关。与此同时，关于电竞酒店等互联网上网行业的新模式，我们也在积极尝试和探索。

戴之山： 感谢王老师的耐心解答，我们今天的采访到此结束，祝愿杰拉宏图大展、蒸蒸日上！

 体验分享

了不起的连锁经营管理师

平日里，我经常看到各种招牌长得一样的商店。小的时候我不懂，看到一样门头的店，就会觉得到了同一个地方。长大了才知道，这叫"连锁"。连锁在我们的日常生活中已经非常常见，比如大润发、永辉超市、沃尔玛、家乐福、星巴克、肯德基等等，都是各种形式的连锁门店。除了这些我去过的连锁门店，我还了解到譬如全季酒店、美年大健康、杰拉网咖、卡西欧、宜家、希尔顿、海底捞等等，也是连锁经营的实体。那么，连锁经营和单体的门店经营有什么区别呢？连锁经营管理师又是干什么的呢？今天，我就通过连锁网咖品牌杰拉网咖来一探究竟。

说起来，我最早认识"杰拉"这个名字是在 2016 年。那时候，我妈妈入职了杰拉集团，妈妈经常会和我交流彼此的工作、学习情况，因此，我知道妈妈所在的公司有一块业务叫"杰拉网咖"，是一个连锁网吧品牌。在我生活的杭州城里，有 100 多家杰拉网咖。我见过好多家杰拉网咖，虽然未成年人不能进入网咖，但是拗不过我的好奇，妈妈还是带我去几个门店转了转，简单参观一番。我发现，它们长得几乎都一样，一样的招牌，一样的装修，一样的电脑，一样的前台，一样的工作人员的服装，一样的服务标准流程，摆放着一样的饮料、零食。哦，原来这就是连锁，连锁就是好多家一样的店，就仿佛长得一模一样的多胞胎。

前些天，我有幸在妈妈的引荐下采访了杰拉网咖的创始人、掌门人王大祝叔叔，听他讲述"杰拉"的成长过程。

我明白了，原来王叔叔就是我们所说的连锁经营管理师呀！他和他的团队不仅要设计连锁体系，厘清总部与门店权责，规划门店运营模式；分析门店经营数据，制订经营目标与计划并组织实施；更需要调研商圈特征，拓展新门店，进行业态定位与品类结构调整；负责商品的进货、销售和储存，策划门店促销活动并组织实施；设计门店动线，负责布局规划与商品陈列的落实；与此同时，负责维护门店外围关系，处理与门店相关的其他事务；还要管控门店日常运作，对门店业绩进行评估与优化。连锁经营管理师需要具备相当丰富的知识、高超的技能，他们的工作真的不是随随便便就干得了的。

连锁经营管理师真了不起！

（戴之山 / 文　指导教师 / 吕书影）

 指导教师说

连锁经营管理师，是维护连锁经营的正常运行，促进连锁经营管理的科学化、现代化的连锁经营管理专业人员，主要对连锁经营的形成、发展及未来的发展趋势，连锁经营的营运过程，连锁经营的基本原理、经营决策和战略管理，连锁经营的商品管理、商品陈列、物流系统管理、生产、服务，企业的内部组织管理、展店管理及中外著名连锁企业的案例分析等进行认知，并运用现代连锁企业知识、技术、方法和手段为企业提供发展战略、组织结构、经营与财务管理、运营流程、市场营销、物流与配送、采购决策与库存控制、防损管理、特许经营、品牌与危机管理等决策或管理和服务。

2020 年，我国社会消费品零售总额高达 39.2 万亿元，最终消费占GDP 比重达到 54.3%，实物商品网上零售额同比增长 14.8%，连续 8 年成为全球第一大网络零售市场。

网络零售和电子商务的强劲发展驱动着新商业模式的诞生，零售业正不断焕发新的活力。然而，零售业发展的历史也表明，对于连锁行业而言，新技术的出现既是挑战也是机遇。

随着云计算、人工智能、大数据、物联网、5G 网络、生物识别等技术日趋成熟，数字化驱动的产业革命重构着各行各业的生态，连锁行业也正站在变革转型的十字路口。

从技术带来的发展机遇来看，云计算的扩容能力使企业全流程数字化和全渠道触点的构建成为可能，人工智能帮助企业通过最优算法实现精准营销。

从外部的挑战来看，颠覆的力量源于行业之外，竞争的对手也可能是跨界的玩家，互联网科技公司凭借其先天的技术优势布局零售行业，而这正不断挑战着传统连锁企业的市场地位。

面对更加复杂多变的市场环境和行业内外的竞争，人才的更新也必须与时俱进。因此，新职业连锁经营管理师应运而生，势必成为助力零售业在新技术背景下生存、发展、变革的中坚力量，推动中国连锁经营业迈上新的台阶。

戴之山同学通过对浙江杰拉网络有限公司创始人的访谈，以及杰拉网咖、永辉超市、外婆家餐厅等连锁经营场所的实地考察，对连锁经营管理师这一职业有了初步的理解。之后，他又通过体验连锁经营管理师的服务、观察连锁经营管理师的工作、访谈连锁经营管理师等一系列沉浸式的体验，深切感受连锁经营管理师的日常实际工作模式。从理论到实践，都有了充分的认识与切身的体会。

作为一名优秀的连锁经营管理师，需要具备大量的专业知识和操作技能，不仅需要良好的沟通表达能力，还需要兢兢业业的工作精神，以及随机应变的处事能力。同学们如果以后长大了想要从事连锁经营管理师这个职业，那就得从小打好基础，努力学习，提高知识，练好语言表达能力，多多参与各种实际工作，积累经验，努力创新，还要扩大自己的知识面，学习更多课内外的知识，同时，在生活中做个有心人，多观察，多学习，多历练！

 **民宿管家**

职业编码：4-14-06-02

职业定义

提供客户住宿、餐饮以及当地自然环境、文化与生活方式体验等定制化服务的人员。

主要工作任务

1. 策划当地自然人文环境、休闲、娱乐与生活方式体验活动，推广销售民宿服务项目；

2. 受理预订，与客户沟通，了解个性化服务需求，策划制订服务项目与方案；

3. 介绍民宿服务项目与设施，协调指导员工提供接待、住宿、餐饮、活动等服务项目；

4. 检查项目服务质量，协调处理客户诉求，保证服务质量；

5. 分析民宿运营中物料采购、损耗情况，整理、分析民宿运营数据，控制运维成本；

6. 整理记录客户信息、消费项目与习惯，搜集分析客户体验反馈，维护客户关系；

7. 制订民宿及服务项目应急预案，检查维护安全设施和设备，组织实施紧急救护。

来源：《中华人民共和国职业分类大典（2022年版）》

职业畅想

舒适床品
落地窗格
可口饭菜
亲子时光

云儿飘飘
树儿摇摇
风铃叮咚
客人来了

这一切
都是您的
精心营造
细心策划
耐心服务

民宿管家
美好生活的
执行者

作者：肖子麒　　　　　　　　　班级：311班
学校：杭州市钱塘区文清小学　　指导老师：邵娅娜

身边探究

在你的日常生活中，哪些你看到的或者你用过的东西，或者你参与的事情，可能与民宿管家的工作有关系？在你的想象中，他们应该会做什么？

分享者卢柃亦： 民宿管家就是要管理好民宿、服务好客人的人。

分享者黄楚涵： 我觉得民宿管家要会设计布置民宿，线上线下宣传民宿，与客人沟通，介绍民宿，确认行程，客人抵达后帮忙拿行李、安排用餐、规划出游路线，甚至亲自带路等等。

分享者章颖洁： 民宿管家应该能实时掌握房态，从入住到退房的贴心服务，与房客保持沟通，及时回复咨询，协调解决纠纷或投诉，等等。

 ## 未来的我

如果 20 年后你成为一名民宿管家，你会为这个世界做什么呢？

分享者卢柃亦： 夜幕降临，我趴在窗前，呆呆地看着窗外马路上被霓虹灯照射得五彩斑斓在雨幕中忙碌穿行的人群：上班族结束了一天的工作回家，快递员们拎着外卖一边奔跑一边打电话，服装店门口打扮入时的售货员姐姐正蹙着眉担心雨太大客人太少。每个人的工作都占据他们最宝贵的时间，选择一份职业，既选择了怎样度过这些宝贵的时间，又决定了自己能给大家带来怎样的服务，那么我的未来又会做怎样的工作呢？想着想着，一丝雨点飘入眼帘，恍惚间，我仿佛遇见了未来的自己……

作为一个民宿管家，每天睁开眼，满目的青翠山岭，其间环绕着淡淡的薄雾，没错，我的民宿位于群山之间，有树有溪有牛有田，是在都市中工作的人们最好的休憩场所。

起床第一件事当然是做早饭啦。来到厨房，电子屏幕告诉我今天要做13个人的早饭，材料都已经准备齐全。我火力全开，快速将早餐准备好。叮咚！第一个早起的客人来啦，我打开门，带他到风景最好的大露台，端上热气腾腾的套餐，看着他一边喝着热咖啡，一边眺望着远山，想必他此刻可以忘记一周的辛劳。

接下来是整理客房，好在有智能马桶和拖扫一体机器人，我只需要铺好床，放入新的洗漱用品就好啦。然后根据客人的需求，定制每个房间！喜欢美食的端上迎客山果拼盘，亲子入住的在床头放上小鹿布偶，情侣入住的……嘿嘿，我会放上蓝风铃香氛蜡烛，想必他们都能在入住的第一刻就感受到我这个小管家的体贴吧。

刚整理好房间，手机里的消息又滴滴滴地跳个不停，我给将入住的客人发送房门密码，给游玩的客人定制行程，给退房的客人安排司机，还有各种送饮料送浴巾的……幸好我还有送货机器人。

待到夜幕降临，精彩的时刻开始了，我们民宿的特色项目是"天地同星"。等客人到齐，我关掉院子的灯光，用钢琴演奏一曲《萤火虫》，琴声中四处飞舞的萤火虫星星点点，与满天繁星呼应，一明一暗，一动一静，客人们都沉醉在这美妙的图景中，忘却了山外那个喧嚣的城市。一曲弹罢，我点燃篝火，我最爱的烧烤派对开始了。人们围着篝火，品尝着烤肉、果酒，火光闪烁，气氛悠闲而放松，大家分享着自己与众不同的经历，而我则是那个倾听者。午夜时分，空中绽放起一朵朵绚烂的烟花，这完美的一天谢幕了，客人们依依不舍，回到房间，迎接各自的美梦。

这，就是我的山间民宿，在这里，你们是大地上的异乡者，而我，是这里的小管家。

职场访谈

> **职业体验者：** 杭州市文海中学 813 班　黄楚涵、章颖洁，803 班　卢柃亦
> **职业体验导师：** 福雷德"城中民宿"负责人　晏显峰
> **访谈地点：** 杭州市钱塘区福雷德"城中民宿"

黄楚涵： 晏叔叔，请问一下，民宿管家到底是一群怎样的人呢？

晏显峰： 近年来，随着民宿行业的蓬勃发展，民宿管家从业者实现了从"零"到"百万"级的规模跨越。这一群体庞大，但因缺乏行业标准，从业人员良莠不齐，且不稳定。民宿管家其实非常重要，他们不仅肩负着提升民宿服务品质的职责，更担起了助力乡村振兴的重任。现在，城中民宿也逐渐火热了起来，也有越来越多的人开始选择这个职业。

黄楚涵： 民宿管家需要具备哪些素养呢？

晏显峰： 区别于酒店的服务人员，民宿管家是复合型人才，需要掌握多种技能，具备一定的专业素养，比如咨询师式的沟通交流能力、旅游顾问式的个人定制能力、百科全书式的有问必答能力、独具特色的乡村振兴代言能力、完美无缺的周密服务能力，以及满足顾客需要的烹饪能力、自我情绪控制能力、管理协调能力、应急处置能力等。

黄楚涵： 那民宿管家日常需要做些什么工作呢？

晏显峰： 就目前来看，归纳起来大致有以下几点：管理房态，房态通常是指民宿的占用和清理情况，也是管家每日工作的重点关注对象；当有新的订单时，民宿管家还需要与客人确定时间、人数等预订信息；要让房客有宾至如归的体验，民宿管家要为住客着想，主动咨询，为住客介绍民宿周边的游玩信息；民宿管家还需要懂多种技能；日常中遇到纠纷和投诉也是在所难免的，民宿管家需要有能力从容应对并积极化解。

民宿负责人在向小体验官们介绍新职业"民宿管家"（赵云杰／提供）

章颖洁：晏叔叔，我想问一下，民宿管家人才紧缺吗？

晏显峰："民宿管家"人才其实是非常紧缺的。截至目前，中国存量民宿约有 20 万家，每年以 1 万家的速度在新增。即便是在新冠疫情期间，每年也有约 6000 家的增量，行业需求很大。而现实是，民宿管家在成为新职业前，由于不在我国的职业目录内，全国本科院校、职业院校几乎没有设置相关专业课程，导致民宿业主难以招到合适人才。此外，由于一些偏见与刻板印象，民宿管家这项工作长期缺乏社会认可与职业认定，很多年轻人不敢轻易入行。

章颖洁：那民宿管家职业化后意味着什么？

晏显峰：成为新职业后，会推动制定民宿管家国家职业技能标准，也会推动更多高校、职业院校大力建设相关学科专业。以后，民宿管家不仅会由学校定向培养，而且能进行职业技能等级认定，人才培养将不断走向专业化、深度化，人才供给也将不断增多，从而使需求端得到满足；民宿管家将得到更多人的认可，荣誉感和价值感进一步增强，晋升通道拓宽，还能享受人才政策。

章颖洁： 还想请问一下，民宿管家具体可享受哪些人才政策？

晏显峰： 现在社会对民宿管家的认可度越来越高，人才政策包括职业技能提升补贴、职业培训补贴、高技能人才技能津贴等。新引进（招聘）的高技能人才，还可享受购房、安家、租房、就业补贴。

卢栩亦： 晏叔叔，我想了解一下民宿管家作为"乡村服务员"的含义是什么，您能给我简单介绍一下吗？

晏显峰： 民宿管家在乡村旅游业中起着非常重要的作用，在服务游客的同时，也要服务于乡村振兴：一是作为乡村的形象代言人，将乡村介绍给游客，让游客了解乡村、爱上乡村；二是用自己的所学所长，盘活乡村闲置资源，带动村民致富。

卢栩亦： 那民宿管家是否只服务于乡村民宿？

晏显峰： 就目前来看，民宿更多的是指乡村民宿，用好乡村的自然风貌、风土人情等资源，推进乡村振兴和发展，但实际上民宿并不是只有乡村民宿，城市里也有民宿，即"城中民宿"，像今天你们来这里体验的就是"城中民宿"。"城中民宿"也需要专业民宿管家的服务，给游客"家"的温暖和城市旅游的体验，所以民宿管家并非只服务于乡村民宿。

卢栩亦： 您能说说民宿管家未来的发展方向吗？

晏显峰： 现如今，游客们不再满足于单一的自驾观光，而是希望充分了解当地特色，更加强调体验感。为了满足个性化服务需求，民宿管家在提供日常服务的同时，还需围绕当地自然人文环境、休闲娱乐习俗积极策划形式丰富的体验活动。随着职业化的发展，民宿管家的专业化程度会更高，双语管家、智能管家会逐步出现。民宿管家是有温度的职业，他们通过自己的努力传递美好的生活方式，把"诗和远方"带给更多的客人。

 体验分享

做一天民宿小管家

民宿发展越来越火热，民宿管家这个新职业应运而生。民宿管家要管什么？这份工作要做些什么呢？带着心中的疑问，我们文海中学青鸟小队的三位小伙伴来到了下沙福雷德的城中民宿，开展了"做一天民宿小管家"的新职业体验活动。

到了民宿，负责人晏叔叔热情地招呼了我们。通过和晏叔叔交流，我们明白了做民宿管家其实并不容易。首先当民宿管家要有丰富的知识，了解当地的信息，就如我们所体验的下沙福雷德的城中民宿，先要了解附近有哪些可供吃喝玩乐的综合体、有哪些美食、有哪些可供休闲娱乐的景点、有哪些交通线路、有哪些可供小孩子玩的地方、附近有哪些高校等，以及这些地方的营业时间、需要注意的事项等。有客人咨询时，充当旅游顾问的管家都要能一一作答。其次，管家必须有好的体能，打扫房间、铺床叠被、订餐点餐、烹饪美食、联系沟通、入住退房，以及各类应急服务，管家需要24小时待命，没有好的身体，做不了民宿管家工作。再次，管家自控能力要强，因为会碰到各种各样的人，提出各种各样的问题，这些都需要管家一一解决，都需要管家微笑服务，如果没有好的情绪控制和化解能力，管家工作做不好。最后，管家要会营造氛围，给游客家的温暖和体验。

之后，我们兴致勃勃地参加了民宿管家的职业体验，特别是在顾客离开后，整理房间的过程让我们记忆犹新。大家知道吗？整理房间的第一步不是打扫地板，而是整理床铺，因为这样可以节约整理时间，效率更高。看似简简单单换床单的工作就让我们这种平时不太做家务的人气喘吁吁了。我们首先拉开拉链将旧被套扒下，把新被套翻过来平铺在床上，拉链井口处朝着床头，再把被子平铺在被套上，之后从床尾开始，把被子被套一起往上卷，把被子从被套开口处塞进去，最后将被子反掏出来铺好被子。中途还要抖被套，把灰尘甩掉，我们三个女生一起上阵，由于业务不熟练，还是用了很长时间，真是件体力活呢。

小体验官们在体验"民宿管家"的部分工作（赵云杰／提供）

晏叔叔还向我们展示了民宿里的高科技，是影院级的私人享受大屏幕，在民宿里看巨幕电影真的很惬意。其实仔细一想，民宿的服务和大酒店的服务一样细致入微，而且价钱也比较实惠，真的是一个不错的选择。

通过这次体验，我们收获满满，感触颇深，原来岁月静好背后，有人在事无巨细地操持。其实无论做什么事，都要认真对待，做精做细，或许，生活的意义就在于此吧。

（黄楚涵、章颖洁、卢柃亦／文　指导教师／鲍灵美）

 指导教师说

　　2022 年 6 月，人力资源和社会保障部向社会公示了 18 个新职业，浙江省湖州市德清县申报的"民宿管家"成功入围，并经公示征求意见、修改完善后，纳入新版《中华人民共和国职业分类大典（2022 年版）》。这让"民宿管家"正式成为一种新职业，让大量民宿工作者正式"转正"。

　　触手可及的人间烟火，推窗即见的诗意浪漫，让民宿走进更多人的心里。民宿管家的工作内容非常繁杂，不仅要管理好民宿、服务好客人，还要设计、宣传民宿，为客人提供各项细致入微的服务，对各方面的能力要求很高。如果小朋友长大后想当一名民宿管家，应该从小有意识地培养自己各方面的能力，如文字组织能力、沟通协调能力、与人合作能力、信息整理能力等等，要从小学好各科文化知识，努力实现成长中怀揣的理想和期待。

第5章
民生兴业
——满足人民美好生活新需求

党的二十大报告提出，增进民生福祉，提高人民生活品质。江山就是人民，人民就是江山。中国共产党领导人民打江山、守江山，守的是人民的心。治国有常，利民为本。为民造福是立党为公、执政为民的本质要求。必须坚持在发展中保障和改善民生，鼓励共同奋斗创造美好生活，不断实现人民对美好生活的向往。

就业优先、社会保障、人民健康、生育支持等人民最关心最直接最现实的利益问题，尽力而为、量力而行，采取更多惠民生、暖民心举措，着力解决好人民群众急难愁盼问题，扎实推进共同富裕。新职业，有新作为。·

ONE 1 城市轨道交通检修工

职业编码：6-29-02-17

职业定义

使用制动测试台、车轮轮缘尺、红外热像仪、扭矩扳手、液压起道器等检测设备和维护工器具，检修及维护保养城市轨道交通设备和设施的人员。

主要工作任务

1. 使用扭矩扳手、双踪示波器、液压起道器等工器具和设备，拆装、调试城市轨道交通设备和设施；

2. 使用车轮轮缘尺、车轮轮径尺、水准仪、轨距尺、红外热像仪、绝缘电阻测试仪、土壤电位梯度测量仪、桥梁挠度检测仪等工器具和设备，检修城市轨道交通机械、电气等设备和设施，测量、调整参数；

3. 进行现场巡检，发现并判断城市轨道交通机械、电气等设备和设施故障；

4. 使用制动测试台、阀类测试台、继电保护校验箱、超声波探伤仪、钢轨磨耗测量仪、裂缝综合测试仪等工器具和设备，处理城市轨道交通机械、电气等设备和设施的故障、伤损；

5. 使用管路清洗机、保压测试台、液压捣固机等设备，维护和保养城市轨道交通机械、电气等设备和设施；

6. 使用、驾驶城市轨道交通设备，检测城市轨道交通机械、电气等设备和设施的性能。

来源：《中华人民共和国职业分类大典（2022年版）》

职业畅想

作者：邱乐之　　　　　　　　　　班级：313班

学校：杭州市钱塘区文清小学　　　指导老师：沈芬娟

你奋斗的样子——致敬轨道交通检修工

无论白天和黑夜，

无论酷暑与寒冬，

为了城市的交通，

他们在忙碌地工作。

听一听声音，

就知道轨道是否异常；

敲一敲螺丝，

就知道螺丝是否松动。

轨道交通，

是城市交通的新工具；

轨道交通，

让我们出行更轻松。

城市轨道交通检修工，

是我们安全出行的守护者；

城市轨道交通检修工，

是最可爱的人。

作者：李泊禹　　　　　　　　　班级：314班

学校：杭州市钱塘区文清小学　　　指导老师：徐薇

身边探究

城市轨道交通与我们的生活息息相关，在乘坐地铁出行时，你所接触到的哪些设施可能与城市轨道交通检修工的工作有关系？ 在你的想象中，他们的职责和工作内容是什么？

分享者朱思宁： 我们乘坐的地铁车厢、车辆运行的轨道都和他们的工作有关。在我想象中，他们的职责是维护地铁行驶安全和地下轨道没有故障，他们工作的内容就是检查、修理轨道、车辆。

分享者杨思琪： 我觉得除了朱思宁说的车辆、轨道外，应该还有车站里的设施，比如进出站的检票口、站台设施。他们的工作职责就是保护地铁行驶时的安全，工作内容就是定期检查和排除故障。

分享者马珑轩： 我还要补充一下，像售票机、隧道里的信号灯、站台上的指示牌、车辆运行的控制系统也和城市轨道交通检修工的工作有关系，车辆控制信号应该也是很重要的。我想他们的工作职责就是对这些设施进行维护、保养、检修，保障地铁和乘客的安全，让我们的出行方便又安全。

 ## 未来的我

如果 20 年后你成为一名城市轨道交通检修工，那时的工作会是怎么样一幅场景？ 你会如何对待这份工作？

分享者朱思宁： 我觉得 20 年后工作肯定会充满科技感，到时候会有很多的人工智能来辅助我的工作。我会更加认真、负责地保护地铁行驶安全。

分享者杨思琪：我觉得到时候日常的巡检都是自动化的，偶尔需要我们人类工程师来做一些机器人无法完成的工作。我会更加努力地积累经验，并在工作中积极创新，更好地保障运输安全。

分享者马珑轩：我认为，等我们工作的时候，维修工作的开展会更智能、自动和快捷，地铁的运输也会更加快捷、安全。我会将自己所学到的知识应用到工作中，认真对待每一次检查，做好每一次维修，让地铁出行更舒适。

 # 职场访谈

职业体验者：杭州市文海小学 605 班　郑诺珵
职业体验导师：杭州市地铁集团有限责任公司　受访者 A、受访者 B
访谈地点：杭州市地铁集团有限责任公司

郑诺珵：叔叔、阿姨，你们好！我是杭州文海实验小学 605 班的学生，正在进行职业体验社会实践活动。在人力资源和社会保障部公布的新职业中，您所从事的轨道交通检修正是其中之一，请问你们是什么时候开始从事城市轨道交通检修工作的？

受访者 A：我是在 2012 年杭州地铁 1 号线正式运营前就入职杭州地铁集团，成为第一批杭州地铁人，从事轨道检修工作，目前是轨道检修工长。因为学的是铁道工程专业，就业的方向不是去建铁路就是去检修铁路，加入杭州地铁和轨道打交道也是专业对口。

受访者 B：我是 2018 年大学毕业后加入杭州地铁的，因为大学里学的就是轨道交通信号与控制专业，毕业时投了简历给杭州地铁，后来被顺利录取了。因为是女生，所以每当我介绍自己在杭州地铁上班时，人家的第一反应是我是车站的站务员，但其实我是检修地铁的检修工。平时我和我的同事们主要负责对地铁4号线信号车载系统进行维护及保障处置。

郑诺珵： 从事这个工作需要哪些职业技能？

受访者A： 肯定要有专业知识才能从事这个工作，你要有相关的专业背景或从业经历才行。

受访者B： 学历、专业、职业资格这些都算是职业技能吧。

郑诺珵： 日常的工作内容或工作时最典型的一天是怎么样的？

受访者A： 线路检查、道岔检查都是我们日常的作业内容，每个设备都有严格的维修标准，哪怕一毫米的差错都不能有。看上去是个粗活，但其实粗中带细，不容许出现一点差错。工作天天都是这样的，轨道检修不仅是个技术活，更是一项辛苦活，比如一次巡线检查，我们就要走大约6公里，巡检结束后还有其他的检修工作要做。

受访者B： 我们一般都是在夜间工作，每天结束营运的列车回检修库休息的时候，就是我们最忙的时候，与白班交接后，库房就成了我们的舞台。以最常做的一项工作修程举例，我们先要在列车前后放上"禁止动车"的牌子，拿上工具下到车底，对车底设备进行检查，然后再爬上来，检查车轮上的测速装置，最后到列车的司机室，将车载日志下载到手提电脑上，回去后通过数据分析对营运中可能存在的隐患做出预判并处置。凌晨4点列车出库前，必须完成所有的检修工作。

郑诺珵： 最喜欢和最不喜欢这个工作的哪些方面？

受访者A： 虽然检修工作很辛苦，但这份工作是有独特魅力的。我经常和我们班组的工作人员说，我们的工作能够保证咱们杭州市民乘坐地铁时的安全，意义重大，是在为社会做贡献，就应该充满动力。

受访者 B：我是真喜欢这份工作，而且是越做越喜欢。我们大部分是在晚上工作，见到的阳光比较少，你看我们是不是个个皮肤白皙？什么美白、防晒全省了。

郑诺珵：工作最具挑战性或最有成就感的地方是什么？

受访者 A：1 号线的开通让我成就感爆棚，因为我见证了杭州地铁从无到有的过程，同时，我们的工作也得到了杭州市民的认可。

受访者 B：成就感的话应该是我们工班在 2019 年 10 月被评为"杭州市巾帼文明岗"吧。这不仅是对我们工作的认可，而且让更多的人了解到，原来地铁列车检修中还有这样一支女生队伍。地铁的安全运营交到我们手里，我们必须担起这份责任。

郑诺珵：您认为做好这份工作必须具备的核心竞争力或能力是什么？

受访者 A：扎实的检修技艺和刻苦的钻研精神吧，当然还有日积月累的经验。轨道交通的检修工作需要时刻学习，只有这样你才能够发现和处理更复杂的问题。

受访者 B：是细心，可能有人认为男生做这份工作比我们女生更具优势，但我觉得男生女生并没有什么差别。我们这种工作，查找问题时，女生会比男生更仔细。

郑诺珵：和最初的职业预期相符吗？

受访者 A：有点超乎预期吧，最初对这个工作的认识应该是简单的体力活，现在看来这不仅是体力活，也是脑力活。只要你能脚踏实地，工作中突破技术难点的快乐会带给你无穷的动力。

职业体验导师为郑诺珵介绍常用的检修工具（万立场 / 提供）

受访者 B：和预想的差不多吧，毕竟学习的过程中有实践、实习安排，对这份工作的认识应该是比较全面的。

郑诺珵：您如何看待所从事的职业被列入新职业名录？

受访者 A：城市轨道交通检修工被正式确定为新职业后，将在人才培训、职业标准、等级考核等方面进一步明确，当然，相应的工资待遇、福利也会进一步提高，让我们每一名从业人员能够明确自己的职业发展路径；也将进一步优化城市轨道交通人才的专业结构和梯队分布，为城市轨道交通的发展提供支撑。

受访者 B：对于国家相关的职业教育体系建设，对于将来或正在择业的人员来说，是一种很好的指引。当然，被列入新职业名录，对于我们的职业发展来说是好事，会有更系统的等级晋升体系。

郑诺珵：如何看待这个职业的现状？

受访者 A：近年来，各地城市轨道交通建设如火如荼地推进，从事城市轨道交通行业的人员规模及行业储备人员的需求量肯定也会越来越大。从业人员的要求也越来越高，你不仅要会修，还要会钻研，会创新。

受访者 B：应该是供不应求吧，尤其是高技术、高技能的高层次人才较为紧缺。

郑诺珵：如何看待这个职业将来的变化趋势？

受访者 A：将来这个职业需要更多的知识储备丰富的复合型人才。比如说像上海地铁梅陇基地的车辆智能巡检机器人"守卫者"，轨道交通智能化的应用也会给我们检修工作带来更强大的力量。当然，这也要求我们的知识储备更加多元化。

受访者 B：希望随着科技的发展，这个职业能更加智能化。目前的设备都比较沉重，希望能够研制出更加智能化、轻型化的新式装备，提高我们的工作效率。

郑诺珵：你们的介绍，对我认识和体验城市轨道交通检修工这一新职业有很大的帮助。谢谢叔叔、阿姨！

 ## 体验分享

致敬平凡而伟大的地铁人

杭州地铁，每天输送百万计的乘客，是杭城的交通命脉。地铁虽然不是 24 小时运营，地铁人却是 24 小时都在工作，在不同岗位全力保障每一位乘客的安全出行。有那么一群人，他们不分昼夜，终日与列车、轨道为伴；他们不是主角，不在服务乘客的现场，而是活跃在检修"阵地"，为保障地铁的安全运行默默奉献，他们就是——城市轨道交通检修工。

今年暑假，我有幸临时客串成为他们中的"一员"，参观了他们工作的部分现场，聆听了他们一直以来默默奉献的故事，体验了这份职业的使命与担当。

车辆检修工：　"海陆空三军齐作战"。车底作业人员像"海军"，车底作业光线差、难度大，断电确保安全后，"海军战士们"携带手电及工具开始车底检查，完成对转向架、制动管路等部位的检查及数据测量工作。车厢检查人员是"陆军"，他们主要负责对列车车厢内的车门、电气柜等进行检修，确保乘客有一个安全、舒适的乘车环境。而车顶作业人员自然是"空军"了，他们主要负责对车顶的供电设备、空调机组等进行检修。

轨道维修工：　深夜暴走 5 万步，巡轨不差毫厘。深夜 0 时，随着末班车完成最后一趟任务返回车段，我们的城市也在夜幕的笼罩下从喧嚣恢复

宁静。有那么一群人，穿戴好反光衣、安全帽，开启他们的"夜常"工作。您知道吗？为了大家乘坐地铁时舒适安全，轨道检修工在每个深夜都会穿着 2 公斤重的安全鞋，提着几十斤重的检测仪器在轨道间巡轨行走几公里。漆黑的隧道里，轨检仪的轮子滑过的每一寸钢轨他们都会仔细核查，专注每一毫米的数据精度。除巡轨外，他们还要完成检修中发现的损伤钢轨更换、轨道线路整修、岔道维修等。他们处理的问题，都在毫厘之间，在我们看来极其细微的几毫米的变动，都会让车辆在运行中出现晃动，影响乘客的安全和舒适度。正所谓"失之毫厘，谬以千里"，所以他们不敢有半点马虎。

除了车辆检修和轨道检修外，还有许多在背后默默奉献的地铁人，他们终日与列车为伴，他们的身影和黑夜交融，他们的付出鲜有人知，他们也许不是主角，但他们不可或缺。深夜守护地铁的他们，肩膀上承载着的是一个城市的光荣与梦想，只为能让我们杭州的地铁安全运行在每一个阳光明媚的白天。作为一名临时客串检修工，作为一名新时代的少先队员，我为他们的伟大而感动，我们应该向所有默默奉献在平凡却又伟大的岗位上的每一位劳动者致敬！

（郑诺珵 / 文　指导教师 / 刘菲）

 指导教师说

城市轨道交通是现代城市交通系统的重要组成部分，是城市公共交通系统的骨干，对提升城市公共交通供给质量和效率、缓解城市交通拥堵、

引导优化城市空间结构布局、改善城市环境起到了重要作用。经国家统计局批准发布的《城市轨道交通 2021 年度统计和分析报告》，截至 2021 年底，全国共有 50 个城市开通城市轨道交通运营线路 283 条，运营线路总长度 9206.8 公里，城市轨道交通客运量占公共交通客运总量的分担比例达 43.4%，其中，杭州的分担比例超过 50%。城市轨道交通充分利用了城市的立体空间，为城市发展打通了全新的通道，让我们的出行变得更为便利、快捷。当然，这些便利和快捷都源于城市轨道交通检修工在他们各自岗位上的默默付出。

　　未来，随着城市群、都市圈建设规划的推进，城市轨道交通网建设将迎来一个更为广阔的发展空间，也将对从事城市轨道交通检修的工作者们提出更高的要求。城市轨道交通由车辆、线路、桥隧、机电等设施设备组成，城市轨道交通检修工就是"保健医生"，他们用自己的技能保证城市轨道交通运营的可靠性、安全性与舒适性。而这些技能需要机械、电气、数控、计算机等专业知识的支持，尤其需要小朋友们从小学好基础知识，为将来从事各行各业做好准备。

2 网约配送员

职业编码：4-10-08-01

职业定义

通过移动互联网平台等，接收、验视客户订单，根据订单需求，将订单物品递送至指定地点的服务人员。

主要工作任务

1. 通过移动智能终端接收、验视、核对客户订单，包括但不限于数量、尺寸、规格、颜色、保质期、价格、地址；

2. 分类整理订单物品，编排递送顺序；

3. 按照客户要求及网络平台智能规划的配送路线，在一定时间内将订单物品递送至指定地点；

4. 处理无人接收、拒收、破损等递送异常情况；

5. 处理客户投诉及其他递送诉求。

来源：《中华人民共和国职业分类大典（2022年版）》

职业畅想

春风配送员

配送工作真辛苦，风里雨里天天跑。

不惧严寒与酷暑，坚持运送不停歇。

无论高楼与大厦，还是乡村与田野。

纸箱带着小翅膀，准时准点不会少。

城市建设与发展，网约配送不可少。

作者：郭梓萌　　　　　　　班级：310班

学校：杭州市钱塘区文清小学　　指导老师：虞晓慧

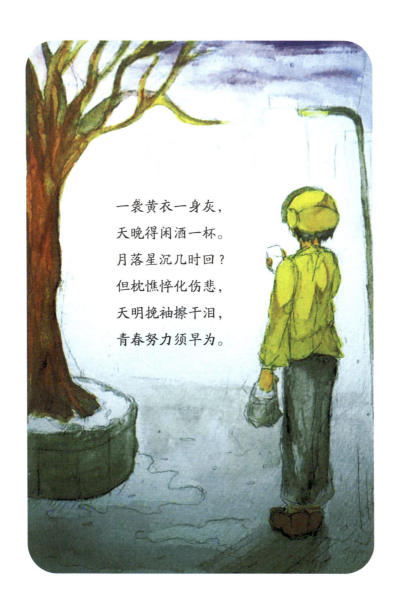

一袭黄衣一身灰，
天晚得闲酒一杯。
月落星沉几时回？
但枕憔悴化伤悲，
天明挽袖擦干泪，
青春努力须早为。

作者：章涵楒　　　　　　班级：814班
学校：杭州市文海中学　　指导老师：高含笑

未来的我

你觉得 20 年后你和网约配送员会产生什么联系呢？

分享者袁浩天： 等我长大后工作时，我认为我的工作一定会和网约配送员有关联。现在，在办公室工作的人，他们大部分需要点外卖来保证有充足的工作时间，一些在家里的人也会选择便宜且快捷的外卖来解决他们的中晚餐。而网约配送员的范围也非常广泛，例如代人买药、代人买花或取快递等，既快捷又方便。我相信在未来，网约配送员跟我们每个人的生活都会息息相关。

分享者付庭榕： 20 年后我大概只是一个公司的小职员，过着朝九晚五的生活，午饭也没人做，公司食堂的饭菜不好吃，下午总不能空着肚子上班吧？这个时候，网约配送员就派上用场了。我只需在座位上一坐，打开手机按下一个小小的按钮，店家就能收到消息，然后让网约配送员按订单给我送来食物。他一路风驰电掣，骑到公司门口，我在那里站着看手机，拿到外卖后说一声谢谢，给他留下一个五星好评之后再离开。我感谢他们——网约配送员，拯救了我们的胃，温暖我们的心灵。

 职场访谈

职业体验者： 杭州市文海中学 814 班　潘泽轩、付庭榕、章涵楒、金可馨、邓以涵、袁浩天

职业体验导师： 美团外卖网约配送员　林胜、王斌、张红、许强

访谈地点： 杭州钱塘新区金沙学府南门

潘泽轩：叔叔您好，请问外卖小哥为什么叫"网约配送员"？

林胜："外卖小哥"这种称呼感觉有种无形的压力，"网约配送员"很上档次，很高大上，听着就觉得很舒服。"网约配送员"能体现一种职业认同感，体现了社会的认可，可以吸引更多的青年人加入。

潘泽轩：您觉得这个职业会受到大家的歧视吗？

王斌：外卖行业是个服务行业，可能有人看不起我们，但三百六十行，行行出状元！

张红：不会呀，现在的人整体素质都非常高，对我们很尊重很客气，我们还经常收到客户的一瓶水、一根冰棍。我们就会觉得很有成就感，体现出社会价值，满怀爱心去服务下一个客户，如此良性循环……

许强：会呀，我们经常会收到客户的一些投诉。我们自己文化程度不高，基本是初、高中水平，送外卖门槛低。这是服务行业，也非常正常，但是我们自己不能心浮气躁，要耐心地与客户进行解释和沟通。这很考验我们的沟通能力和心态调整能力。

潘泽轩：您觉得这个职业最吸引人的地方在哪里？

张红：时间自由。这个职业不用固定在生产线工作岗位上，可以根据自己的时间进行自由调配。趁不怎么忙的时候，能抽空回家为孩子做点饭，然后放在锅里保温，让孩子回家就可以吃上热饭，可以做到工作家庭两不误。

林胜：灵活性高，我们工作配送时段主要集中在早、中、晚的订餐高峰期，其余时间可以休息，这也为灵活用工创造了机会，不少人都选择兼职外卖骑手。

许强：准入门槛低，我就是花了很长时间没找到工作，才选择了这个行业，外卖这个行业虽然辛苦了一些，但是收入和付出其实是成正比的，越辛苦，赚的钱就会越多。只要自己肯吃苦，薪资就会非常可观，每个月

8000 元左右，维持整个家庭的开销是不成问题的。

付庭榕： 您觉得做好这个职业的关键是什么？

王斌： 干一行，爱一行，我觉得最关键的是心态问题、面子问题，中国人的"面子"支配和调节着自身的社会行为；职业只有分工不同，没有高低贵贱之分！摆正心态，正确定位自己，既择之，则爱之。

林胜： 正确认识这个职业，就像泥瓦工师傅说的他是在建筑一座美丽的城市一样，我们也不只是在送一份外卖、一份快递，更是在创造我们的社会价值。我们骑手散落在城市的街头巷尾，虽然每个背影都是那么的渺小，每天几乎都是重复相同的动作，但正是这份持之以恒的坚守，给这座城市带来了烟火气，让窝在家里的人，也能安心生活。我们用自己的平凡，成就这座城市的非凡。

张红： 爬楼对我来说是一项极大的考验，习惯了电梯出入，每次送老小区的外卖，看着 6 层楼 100 多级台阶，我就觉得像要百米冲刺。有一次，眼看订单快要超时了，我戴着口罩两级一跨上楼，敲开顾客的门，上气不接下气地说："不好意思……您的……外卖到了……祝您……用餐愉快。""原来是个女的啊，这么辛苦啊，好的好的，谢谢你啊。"最后顾客还给我打赏了 8 元，这让我开心了一个晚上。感觉好暖心，好有成就感，自己的努力付出都是值得的。我觉得做好这个职业，最关键的还需要全社会的人一起努力，我们为大家带来了方便，大家在享受便利的同时应该对我们更加尊重，保障我们的人身权益，使我们的工作更有价值。

金可馨： 您怎么看待很多外卖骑手闯红灯的现象？

许强： 主要是因为刚开始的时候不熟悉地形，要么找不到商家，要么找不到顾客，担心超时被客户投诉，其实等红灯最多也就是一分钟，这点时间刚好可以给顾客打个电话求谅解，大多数人都很通情达理的。我们时刻牢记安全第一，家里有亲人等着我们回家，我们千辛万苦就为了家人的

幸福生活，如果自己出了什么事情，那工作还有什么意义呢？不管什么原因，都不应该闯红灯。

邓以涵： 您从事这个职业最担心的是什么？

许强： 作为一个网约配送员，最怕的不是累，而是少数刁钻的顾客。配送就是送餐，客户提这个要求提那个要求，点了外卖地址填错的，要帮忙带馒头带烟带饮料的，不接电话的，这样的人不在少数。没达到私人要求的，他们就给差评。

章涵楒： 您从事这个职业最难忘的经历是什么？

王斌： 这个网约配送员不像你们想的那样，送完一单才来下一单，在我们这里通常是好几个单子一起来。刚过完年，有一场雪后我送餐，那天爆单，冰道骑车本来就不容易，身上十多张单子，店家打电话催，客人打电话催。我开始停下来接电话解释，一个电话接一个电话，十多分钟，我没能走一步，后来逼得我一边骑车一边接电话，最后摔了，一箱子餐都赔了。当时想想这活真不是人干的。

袁浩天： 听说"网约配送员"现在有职业技能等级认定了，您有兴趣参加吗？

林胜： 非常有兴趣，能获得职业技能认证不仅让我们对这份工作更有信心，也会更有动力！获得职业技能等级认定，我们就能像站长牛明智一样身份升级，持证上岗，享受政府补贴、落户加分、个税抵扣等政策优惠！这也是社会对我们辛勤付出的肯定。

体验分享

秋风送温暖

秋雨绵绵，凉风习习。在金秋十月，我们小组到金沙学府一带进行了关于网约配送员的采访。根据网络调查，网约配送员这个新兴职业，为社会提供了更多的就业机会。据统计，2019年有398.7万名外卖骑手通过美团平台就业获得收入，与2018年的270多万人相比，增加了128.7万人。截至2019年底，累计约有720万名外卖骑手通过美团平台实现就业增收，有效带动社会就业。

沿着街边小店，许多外卖骑手坐在车上等待着取配送的物品，有的两三人在一起聊天，有的在玩手机，他们身上黑黄配色的外套格外显眼。我们随机调查了20位网约配送员，其中18位小哥是全职。他们中，2名外卖小哥每天工作2—4个小时，4名外卖小哥每天工作4—8个小时，11名外卖小哥每天工作8—10个小时，另外3名外卖小哥每天工作12小时以上。他们每天迎着朝霞开始送单，直到月亮爬上山坡才下班休息。正常情况，每人每天能接30—60单，平均一单能挣5—6元钱。有12名外卖小哥完全同意社会公众尊重并认可他们的工作，另外8名只是比较同意此观点。但是我觉得，现如今外卖小哥也是很重要的，他们能给我们带来极大的便利。调查中我们也发现一些问题，最典型的有小区保安的刻意刁难、等待顾客时间太长，也有顾客联系不上或者地址写错、爆胎、路况恶劣、天气等不可控因素给他们的工作带来压力，尤其是下雨天、台风天，给外卖工作带来很多困难。网络上这样的新闻有很多，外卖小哥逆着风、冒着雨赶来跑去。外卖小哥甚至在等红灯时都不能分心，随时准备好绿灯一亮就冲出去，上楼也是跑的，即使再气喘吁吁也马不停蹄地送下一单。有时

在小区迷路看见了路人会问一下，可能语气有点着急，让人感到没礼貌，但站在他们的角度想，他们是不是真的很焦急，想把外卖马上送到顾客手中，不耽误一点时间，可以多挣一点钱给自己的家人过更好的生活呢？外卖小哥这样没日没夜的辛勤工作换来了大家的好评吗？并不一定，还有许多素质不高的人会责骂他们，抱怨送得慢，汤洒出来了，饭菜冷掉了之类的，即使这样，他们还是要打起精神，笑盈盈地送下一单，即使心里有些苦闷、难过。所以他们希望在工作上得到大家理解，在配送时间上也能得到一点宽容，遇到问题能够一起解决。在本次实践中，我觉得我最大的收获就是以后遇到外卖小哥来给我送外卖，不管怎么样，我都要微笑着和他们说：谢谢，你辛苦了！我还看到了平凡的外卖小哥不平凡的一面，这让我更加包容理解他们。人在世界上是平等的，即使身份不一样，大家也都应该互相尊重。

外卖小哥辛苦了。愿等待你的是一张笑脸，是一杯热茶。但愿你一路平安。

（章涵楒、金可馨 / 文　指导老师 / 高含笑）

 ## 指导教师说

网约配送员，是社会生产服务和生活服务人员，是通过网络平台接收查看客户的订单，并根据客户的需求，在限定时间内按照平台规划的合适路线将订单送达客户手中的服务人员，包括快递员、邮政营业员、邮政投递员、快件处理员、邮政分拣员、邮政转运员、物流服务师等。2020 年 1

月，经人社部同意，智能制造工程技术人员、虚拟现实工程技术人员、网约配送员、人工智能训练师、呼吸治疗师等职业由中国就业培训技术指导中心对相关信息进行公示。2020 年 12 月 4 日，杭州有 20 名蓝骑士通过了网约配送员培训考试，成功获得"网约配送员"职业技能等级认定初级证书。有了正式的职业技能水平证明，他们将享受政府培训补贴、杭州市积分落户加分和个人所得税专项抵扣等技能人才政策。

杭州黄龙站的站长牛明智，是首批获认证的网约配送员之一。2017 年他独自来到杭州打拼，凭借出色的跑单效率以及名列前茅的好评率，一路从骑手做到队长、站长，年仅 25 岁的他已经带出了不少徒弟，成为被写入行业历史的骑手代表。2021 年 12 月，国家人力资源和社会保障部正式颁布《网约配送员国家职业技能标准（2021 年版）》，将网约配送员职业分为五个等级，明确了各等级需掌握的工作内容、技能要求和相关知识，让网约配送员拥有更加清晰的职业发展通道。2022 年 4 月，北京市人力资

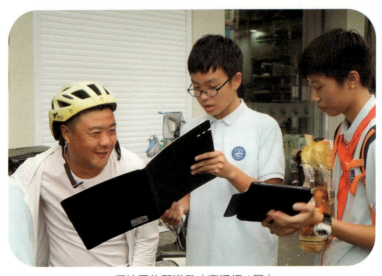

采访网约配送员（章涵榲/图）

源和社会保障局印发《关于开展新职业技能等级认定工作的通知》，开展网约配送员技能等级认定工作，并将其分为五个技能等级，分别是初级工（五级）、中级工（四级）、高级工（三级）、技师（二级）和高级技师（一级）。

　　三百六十行，行行出状元。职业没有高低贵贱之分，只要在自己的领域潜心钻研，脚踏实地，一定都能创造出属于自己的天空。

职业体验者合影（袁浩天／图）

职业编码：4-13-01-05

职业定义

综合利用各种媒介技术和渠道，采用数据分析、创意策划等方式，从事对信息进行加工、匹配、分发、传播、反馈等工作的人员。

主要工作任务

1. 运用网络信息技术和相关工具，对媒介和受众进行数据化分析，指导媒体运营和信息传播的匹配性与精准性；

2. 负责对文字、声音、影像、动画、网页等信息内容进行策划和加工；

3. 将信息载体向目标受众进行精准分发、传播和营销；

4. 采集相关数据，根据实时数据分析、监控情况，精准调整媒体分发的渠道、策略和动作；

5. 建立全媒体传播矩阵，构建多维度立体化的信息出入口，对各端口进行协同运营。

来源：《中华人民共和国职业分类大典（2022 年版）》

职业畅想

作者：蒋子洵　　　　　　　班级：703班
学校：杭州市文海中学　　　指导老师：韩丽

作者：蒋子淳　　　　　　　　　　班级：707班

学校：杭州市文海中学　　　　　　指导老师：韩丽

 **身边探究**

　　在你的日常生活中，哪些你看到的或者你用过的东西，或者你参与的事情，可能与全媒体运营师的工作有关系？在你的想象中，他们应该会做什么？

　　分享者蒋子洵： 开学前在抖音上买到的错题本，我觉得这个应该与全媒体运营师的工作有关系，因为我是被抖音的短视频吸引后才买的。错题本上的分页纸颜色以及内容分区的模块，这些都是全媒体运营师利用大数据筛选出同学们的使用习惯才做出来的吧。

　　分享者陈梦涵： 现在生活中经常会看到有人直播带货，通过网络向大家介绍自己产品的特点、优点，吸引大家购买。我觉得这就是全媒体运营的方式之一。在我的想象中，全媒体运营师是分析大数据得出结论，根据结论开发符合大众需求的产品，然后将产品在网络上销售。

　　分享者蒋子淳： 我们经常在电梯里看到的广告，这就是全媒体运营师工作的内容之一吧。因为这些广告就是短视频投放的其中一个途径。在我的想象中，他们选代言人拍广告之前，明星匹配度也是通过大数据的筛选才得出来的吧。拍广告的脚本，应该也注入了全媒体运营师很多心血啊。

　　分享者胡靖瑶： 周围有亲戚会把宝宝吃不完的未开封的奶粉、没穿过的衣服，以及那些玩过一两次的玩具，通过闲鱼平台卖给需要的人，我觉得这就是全媒体运营师工作的一部分吧。全媒体运营工作，贯穿我们生活的方方面面。

未来的我

如果 20 年后你成为一名全媒体运营师，你会为这个世界做什么呢？

分享者蒋子洵：假如我是一位全媒体运营师，我想我一定会非常热爱这个工作。当东方露出鱼肚白的时候，我满怀激情地投入工作的怀抱。当太阳下山的时候，我骑上心爱的小毛驴，迎着落日的余晖，满足地回家。

分享者陈梦涵：首先，我想要进入文创公司，因为这里有我喜欢的泡泡胶，有我喜欢的手账本，还有我最喜欢的各种毛绒小玩偶，跟它们一起工作的我，一定是这个世界上最幸福的人呀。我一定要做一款深受小朋友喜欢的产品，我要积极分析市场，利用阿明工具等各类数据软件，找出这些产品的定位、客户喜好等，深度挖掘文创产品的市场。

其次，我要把这款产品设计出来，画上能吸引小朋友的插画，我想我的插画一定是这个世界上最能反映客户需求的图画，因为我想要把小朋友喜欢的一切元素都融进我的创作画里，我想把天空描在日记本上、我想把沙滩洒进橡皮擦里、我还想把卡通图案画在各色铅笔上……最后，根据小朋友的满意度，我要把这些呈现出来，策划好网站的页面，图片也要根据大家的需求进行相应的 PS，方便小朋友们选购我做的产品。

最后，我打算拍一个搞笑视频，而且一定要拍出只有小朋友才看得懂的冷笑话，让大家捧腹大笑的同时记住我做的产品。我要认真研究大家的需求和动态，把客户最想要看的视频和动图带给他们。认真做完这些工作后的我，一定会是一个超级满足的人儿。

分享者胡靖瑶：假如我是一名全媒体运营师，我会以自己的工作能力，和诚实、恳切的态度赢得领导与同事的肯定，打造一个属于自己的品牌，让全世界都知道，中国的全媒体运营是世界顶尖的。

职场访谈

职业体验者：杭州市文海中学 703 班蒋子洵、703 班陈梦涵、707 班蒋子淳、707 班胡靖瑶

职业体验导师：杭州兜心科技有限公司 CEO　谈丽艳

访谈地点：杭州兜心科技有限公司

陈梦涵：您好，谈老师，我们是文海中学的学生，今天我们对贵公司的全媒体运营师的岗位进行了体验，我们感受颇深，您能否说说作为全媒体运营师，您在工作时典型的一天是怎样的？

谈丽艳：我工作比较典型的一天就是根据产品的特性和用户喜好，编写与产品有关的文案并制作视频，发布到微博、公众号、抖音等媒体，建立全媒体传播矩阵。然后根据各个平台的媒体投放数据，进行筛选，最后再根据精准数据做分析。

蒋子洵：在这个领域做得不错的人都有怎样的能力和个性？

谈丽艳：我认为首先需要有较强的数据运用能力，其次要具备很好的沟通能力和执行力，再次需要严谨的处事能力，最重要的是统筹能力。除此之外，思维或者性格比较活泼的人，在这个领域也能做得挺不错。

胡靖瑶：您是怎么进入这个领域的？

谈老师为同学们介绍全媒体运营师一天的工作（蒋剑华 / 提供）

谈丽艳： 研究生毕业时，阿里来我们学校进行招聘，然后我就进入了这个领域。刚开始什么也不懂，随着专业知识的逐渐丰富，慢慢地就爱上这个职业了。

蒋子淳： 怎样的教育背景或工作经验对进入这个领域会有帮助？

谈丽艳： 我认为学数学、学统计学的人或者对数据敏感的人都适合进入这个领域。当然，有其他教育背景的人，也适合从事这个职业，只是可能需要花的时间比一般的同学多一点。毕竟学习这件事情，什么时候开始都不晚。

陈梦涵： 可以知道您的年薪是多少吗？有哪些福利？

谈丽艳： 我们这个职业的年薪跟公司一年的销售业绩挂钩，包括底薪和业务提成两部分。如果能完成年度销售目标的话，年薪会在 50 万元左右。我们公司的福利制度比较完善，除了常规的五险一金和双休外，我们公司实行人性化管理，上下班不用打卡，大家只要在规定时间段内完成本职工作就好，这一点，蛮受年轻人喜欢的。

蒋子沟： 除了薪酬，从事全媒体运行师这个职业，最大的收获是什么？

谈丽艳： 我觉得这个职业就是让我们不断接触新的媒介，不断学习新的知识，不断认识新的朋友，当然，还有不断地接受挑战，让我不断成长。这个是我最大的收获。

胡靖瑶： 这个职业发展前景如何？

谈丽艳： 这个职业目前人才缺口比较大，公司需要更专业的人才来应对当今社会的发展。亟须提升专业化、规范化、职业化，另外，直播电商获官方认可、政策利好产业快速发展等也有利于促进地方人才就业、拉动地方经济发展。所以我认为这个职业前景是不错的。

蒋子沟： 从哪里可以获得相关的专业信息？

谈丽艳：现在互联网这么发达，获取信息的渠道很多，比如微信公众号、网站、论坛、专业期刊等。只要我们想学习，方法总比困难多。

陈梦涵：对于想要从事全媒体运行师这个职业的同学，您还有其他建议吗？

谈丽艳：我认为首先大家要学好科学文化知识，用知识武装自己，然后进入一个好的大学深造，这样才能为你的将来添砖加瓦，以后才有底气选择你们想从事的职业。

体验全媒体运营师的日常工作（蒋剑华／提供）

蒋子沟：非常感谢谈老师！通过您的介绍，我们对这个职业充满了憧憬，我以后也想努力成为一名全媒体运营师。

 **体验分享**

忙碌的互联网蜜蜂们

互联网购物离我们很近，但是同学们都不了解互联网经济模式是怎么运作的。希望通过本次活动，大家能深刻了解带给我们便利生活的互联网购物平台是怎么运营的，从而深入了解全媒体运营师这个新职业，它是如何给我们的生活带来便利，为社会创造价值的。

我们小队这次活动选定了文创公司，因为我们在学习的时候，需要使用各种文具，这些文具都来自文创公司，队员们都很兴奋。

第一站，我们跟全媒体运营师学习数据分析。全媒体运营师需要做的就是运用网络信息技术和相关工具，对媒介和受众进行数据化分析。我们通过行业分析，发现现在文创类产品销量呈上升趋势，2021年以来增长了27%，而且在开学季明显上升。开学季正是我们这些学生需要购置各项学习用具的时期，我们深深感叹：父母养育我们真的不容易呀。

第二站，我们跟全媒体运营师学习了产品开发。通过第一站的数据分析，我们得出了一个结论，消费者对卡通图案的需求是强烈的，尤其喜欢小熊、小兔这类动物元素，所以文创类的产品开发主要侧重于卡通图案。看着一个个成品，我们挪不开步了。

第三站，我们来到了策划部门，跟全媒体运营师学习内容运营的技能。内容运营负责 App、新媒体、社区内容编辑以及与产品部门紧密合作，我们体验了短视频的内容运营策划，在运营师的指导下，大家一起讨论编写了一个搞笑的短视频脚本。

第四站，我们来到了视频拍摄剪辑基地，跟运营师学习图片视频拍摄、剪辑以及后期处理技术。原来想象中很简单的拍摄，在这里变成了一

项很复杂的工作，我们从运营师口中了解到有趣的内容总能有助于传播，所以短视频的内容，除了单纯的产品介绍，也可以先用有趣的内容吸引消费者，再无缝对接上产品，而且一定要注意怎么拍摄才可以引起消费者的注意。

第五站，我们来到了营销部门，运营师介绍说，一个产品能否卖出去，往往看营销部门的能力。电商营销渠道包括抖音运营、小红书运营、天猫运营、京东运营、拼多多运营、新媒体运营、公众号运营、自媒体运营、微博运营等等，最突出的渠道就是直播带货了。我们有幸体验了主播的工作，我们发现，主播不但要具备专业知识，也要有很好的沟通能力和控场能力。

一天的体验很快结束了，我们意犹未尽。我们感觉，忙碌的哥哥姐姐就像蜜蜂一样，不断地采集各类互联网数据。我们深刻认识到，要做一个合格的全媒体运营师真的不是一件容易的事情，因为他们的工作内容会随着时间推移发生改变。这就好比前几年大家主要做图文平台，现在又加入了短视频和直播。一句话，哪个平台火了，工作重心就要放在哪个平台，而这些都需要蜜蜂们具备很强的自主学习能力来跟上市场的节奏。全媒体运营师必须具备多项技能，这对文化程度要求较高。看来，未来我们要想成为全媒体运营师，真的要珍惜当下的学习机会，努力学习，像小蜜蜂一样勤劳地采集各种花蜜，这样以后才有机会成为像哥哥姐姐们一样的互联网大蜜蜂。

（蒋子洵、蒋子淳 / 文　指导老师 / 韩丽）

 # 指导教师说

　　互联网电商在中国的发展可以追溯到 1995 年，甚至更早。从线下到线上，从 PC 到移动互联网，再到微信生态和当下如火如荼的短视频与直播平台，随着交易平台的变化，服务的场所越来越广，形式、内容越来越丰富，社会和企业赋予服务的价值与期望也越来越高。

　　作为国家职业体系中的新成员，伴随着信息技术的升级和媒介融合，全媒体、融媒体、新媒体、智媒体的传播热潮，全媒体运营师呈现"井喷式"发展态势。《传媒蓝皮书：中国传媒产业发展报告（2021)》数据显示，2020 年中国传媒产业总产值规模达 25229.7 亿元，较 2019 年增长 6.51%，总就业机会达 2000 余万个，全媒体运营师被称为"最有潜力的职业之一"。

　　十年树木，百年树人。急速发展的媒体生态环境对人才的需求远远快于人才的培养，培养懂宣传，以全媒体思维为核心，集人文艺术素养、传播智慧以及媒介经营管理于一体的现代复合型人才，任重道远。全媒体运营师肩负着媒体传播的重担，愿未来孩子们能挑起此大梁，不要等明天向我们走来，让我们走向明天！只有当我们将"等待一个美好的明天"改为"开创一个美好的明天"时，才能拥有一个真正属于自己的美好的明天！

FOUR 4 家庭教育 指导师

职业编码：4-13-04-03

职业定义

从事家庭教育知识传授、家庭教育指导咨询、家庭教育活动组织等的人员。

主要工作任务

1. 开展家庭教育法律法规及政策宣传，传授立德树人家庭教育科学理念、知识和方法；

2. 指导家长履行家庭教育主体责任，进行家庭教育规划并开展家庭教育；

3. 指导家长树立和传承优良家风，指导其他家庭成员协助和配合家长优化家庭教育环境；

4. 提供家庭教育问题解决方案和咨询建议；

5. 策划、组织开展家校社协同育人的实践活动。

来源：《中华人民共和国职业分类大典（2022年版）》

职业畅想

作者：张熙旋　　　　　　　　　　班级：501班

学校：杭州市文海小学　　　　　　指导老师：徐巧

作者：林奕彤

学校：杭州市文海小学

班级：604班

指导老师：杨洁

身边探究

在当代社会中，为什么会出现家庭教育指导师这个职业？在你的生活中，你觉得在哪些情况下需要家庭教育指导师的帮助？

分享者梅瀚哲： 在暑假里，我们小队一起去了位于拱墅区的心理辅导基地，那是一个可以倾诉烦恼的地方。在几个小时的相处后，我们学到了很多关于心理辅导的知识。受疫情影响，有些家庭支出不变，但是收入却减少了。父母在经济和生活上有了压力，加上孩子处于叛逆期，难免有一些冲突，可能会造成一些不可挽回的后果。这时候社会上就出现了家庭教育指导师这个新兴职业。在沐心老师的指导下，我慢慢觉得那些无法在家庭内自行消化的矛盾，比如说孩子成绩不理想、电子产品的过度使用或者抽烟、喝酒等关乎健康的矛盾，可以请家庭教育指导师来化解。这些虽然都是小小的矛盾，但是由于平时父母和孩子缺少沟通，或者父母和孩子沟通的方式不对，语气比较强硬，从而使得父母和孩子无法再沟通下去，就会导致矛盾积压太久，就如蓄力许多年的火山一般，喷涌而出。这时，家庭里难以解决的这些小矛盾，就需要家庭教育指导师来帮助处理了。

分享者江欣阳： 家庭教育指导师是一个十分特殊的职业，它的诞生顺应了社会生活、家庭发展的需要。家庭教育指导师是缓解我们大家的家庭关系的职业，既然这样，我们不妨想一想为什么我们家庭的成员当中会有这么多的矛盾呢？

现代社会，父母的压力都很大。事业的压力，要努力工作，要加薪升职；家庭的压力，要照顾年幼的孩子和年迈的双亲；身体的压力，健康问题，易焦虑。当父母压力大的时候，我们也会紧张，害怕和父母交流，这样家庭关系就会越来越紧张。父母都是爱孩子的，但是也有极少数父母会失手打伤自己的孩子。

作为家中不可缺少的一分子，我们也要做到像家庭教育指导师一样去维护我们家中原本良好的关系。每个人的家中都难免会出现一些大大小小的矛盾，我们要心平气和地去对待。在这次职业体验中，我学到了很多方法，比如：主动沟通，平时多与父母聊一聊在校的事情和学习上存在的困惑，让父母了解你的情绪；多和父母说说心里话，让父母了解你的内心想法；换位思考，不要和父母顶嘴；等等。但是，有很多父母、很多孩子不会换位思考，不会倾诉自己的困惑，不会或不敢说心里话，于是家庭教育指导师这个职位的重要性便显现了。在体验时，我也感受到了当一名合格的家庭教育指导师的艰辛，若处置不当，不但不能缓解家庭矛盾，反而会逐渐恶化家庭成员之间的关系，使家庭关系变得更糟糕。

当家庭中出现一些矛盾时，我们希望这些矛盾都能得到完美的解决。一位合格的家庭教育指导师是我们家庭的"关系后勤"。

未来的我

如果 20 年后的你，成为一名家庭教育指导师，你会为你的家庭或者身边的人做些什么？

分享者林奕彤：从这次小队活动中，我与同学们了解到了一个新的职业——家庭教育指导师。通过角色扮演，我们发现这个职业并不像我们想的那么简单。也许不到十年，同学们都成年了，如果我是家庭教育指导师，我一定会尽职尽责为大家服务。要是有同学家里产生了矛盾，我会先调整好双方的情绪与态度再进行合适的谈话，并且开导他们。在未来的社会中，我觉得家庭教育指导师将会成为每一个处于迷茫中的家庭的一盏明灯，指引他们走向更远更幸福的地方。以后这样"不起眼"的小职业肯定也会变得越来越重要，而幸福的家庭也会越来越多。我相信，不管从事这个职业会面临多少压力，一定会有厉害的、善良的人们去做家庭教育指导师，拯救更多处于矛盾之中的家庭！

分享者杜思恒：暑假，我们小队成员一起去了解家庭教育指导师这个伟大的、近几年刚刚萌芽的新兴职业。俗话说："有国才有家，家和万事兴。"家庭的不稳定，也会间接造成社会的不和谐。但是，不管大家小家，总会有各种各样的矛盾，这时就需要家庭教育指导师来辅导调解。经过交流沟通，家人之间的"伤痕"才会逐渐淡化。成绩的矛盾、父母之间的矛盾、育儿路上的分歧等，往往都需要专业人员来指导。体验完之后，我对这个职业感触很深。

我想，如果 20 年后的我，成了家庭教育指导师，我会尽我所能帮助每一个需要帮助的家庭。

如果有一个这样的孩子向我求助：他非常想养一条小狗，但父母就是不同意。我想我会这样帮助他："你非常想养一条小狗的心情我能够理解，但是你的爸爸妈妈不同意，肯定也是有理由的。你是否想过，你的爸爸妈妈看到猫狗会不会害怕？会不会过敏？你替他们考虑考虑，就会明白他们的心意。"在我的开导下，这个孩子慢慢向我敞开心扉，也发现了爸妈不养小狗的原因是妈妈是过敏体质。回家后，男孩不再纠结这个事情，而是更加体贴、关心他的妈妈。

我想，这就是家庭教育指导师工作的意义吧！

 职场访谈

职业体验者：杭州市文海小学 504 班　林奕彤、梅瀚哲、陆泽浩、江欣阳、徐靖彦、杜思恒、张海钦、黄家乐
职业体验导师：国家二级心理咨询师、家庭教育指导师　沐心
访谈地点：拱墅区家庭心理服务中心

江欣阳： 沐心老师，请问在这个新职业上，您的主要职责是什么？

沐心： 现在，很多家庭会出现教育上的问题。家庭教育指导师针对不同年龄段儿童的身心健康进行教育和引导，帮助家长认识不同年龄段孩子的心理发展特点，引导家长科学育儿，提高青少年儿童的心智发展水平，提升其心理素质。

徐靖彦： 如果一个孩子经常跟爸爸妈妈吵架，您会怎么帮助他呢？

沐心： 我们通常的做法是让孩子和爸爸妈妈一起坐下来，先去界定他们的沟通方式，和他们约定好要互相倾听，不打断对方讲话。接下来，让彼此表达自己真实的想法和需要，也可以互换角色站在对方的角度上考虑问题，然后学习接纳对方的想法，练习正确的表达方式。同时，我们也会引导家庭成员学习情绪识别和情绪表达，一起约定吵架时合适的处理方法。经常吵架当然不好，如果真的吵架了，在大家平静下来之后别忘了拥抱彼此，说句"我爱你"。

张海钦： 沐心老师，你觉得家庭教育指导师这个职业为什么可以改变爸爸妈妈、改变孩子呢？

沐心： 可以说，不是我们在改变他们，而是我们帮助他们实现他们想要的改变。我们和整个家庭一起工作，帮助他们厘清问题，找到阻碍家庭正向发展的不良因素，引导他们换个角度重新审视问题，发现家庭内部爱的流动，学习科学的教养方法和沟通技巧，重塑家庭内部的结构和沟通模式，让整个家庭变得和谐有序。

林奕彤： 在家庭教育指导师的眼里，爸爸妈妈最需要做到的是什么？

沐心： 要给予孩子无条件的爱。无论孩子成绩如何，不论孩子优秀与否，孩子始终是爸爸妈妈手心里的宝，要让孩子感受到世间最纯情的温暖。

杜思恒： 作为一个家庭教育指导师，您在工作中最常遇见的家庭教育问题是什么？您是怎么解决的？

沐心： 比如说，家长经常会问"孩子长时间玩电子产品怎么办？"如果我们接到这样的个案，首先要分析原因，然后引导父母和孩子一起了解正确使用电子产品的用途，让父母学习转移孩子注意力的方法，并且鼓励父母花时间高质量地陪伴孩子。

陆泽浩： 从事这份工作，您最大的感受是什么？

沐心： 首先，我们要有接纳、尊重、真诚的价值观，尊重每个前来寻求帮助的服务对象，把他们当作独特的个体，不给他们贴标签，当他们能够感受到我们的尊重，也就会愿意和我们坐在一起来面对问题。然后，不管怎样的个案，倾听、同理心和积极关注的技巧都很重要。

梅瀚哲： 这份工作需要什么知识、技能和经验？

沐心： 一名专业的家庭教育指导师需要学习很多专业知识和技能，比如家庭关系、婚姻关系、亲子关系、发展与教育心理学、生涯规划等等，还要学习心理咨询技巧、团体辅导技巧。这还不够，还需要在实践中不断积累经验，最好能够有督导在工作过程中进行指导。家庭教育指导师，是一个需要不断自我反思和成长的职业。

黄家乐： 家庭教育指导师作为一个新兴职业，您觉得就业前景怎么样？

沐心： 家庭环境对于孩子的成长特别重要。社会发展很快，家庭与孩子成长面临的问题越来越多、越来越复杂，他们更需要得到专业的指导。中国有这么多的家庭，所以这是一个非常大的市场，这个职业也是一个很被需要、很有前途的职业。

江欣阳： 如果我们以后也像您一样从事这份工作，您对我们有什么具体的建议吗？

沐心： 首先必须爱岗敬业，其次学习扎实的专业知识，最后认真对待每一次工作。要学会正确认识自己，认识自己的长处和短处，要学会宽容别人的弱点，也要宽容我们自己。

 ## 体验分享

体验家庭，体验生活

这个暑假，我们德爱小队来到了一个神秘的场所——爱心科技体验馆。家庭教育指导师让我们知道，教育不单是学校的，也是家庭的。路上，看似一个个普普通通的人，都有可能担负着令人意想不到的使命。

这个场馆，有些特别。不只是因为这里地方大、明亮，更是因为里面的设施十分奇特：两根看起来是连上的又好像没有连着的绳子；几个能让你变换心情的小房间；几只巨大的泰迪熊和几幅令人反思的诡秘图文；一台能"追踪"你目光的电脑……大千世界如此辽阔，完成任务的决心推动着我们前进。

体验馆的功能便是重在体验。一个成功的体验馆，有趣的、吸引人的

项目是必不可少的，这个家庭教育指导师体验馆是更胜一筹。家庭教育指导师，顾名思义是和家庭教育与生活有关。我们德爱小队的队员们，个个化身为家庭教育指导师，面对满心困惑的"学生"，帮他们打开心结。林奕彤觉得妈妈减肥后变瘦了，不像原来的妈妈，没有那种温暖温馨的感觉了，她更怀念原来胖胖的妈妈。梅瀚哲说自己和妈妈说好了要买一只哈士奇，可到最后，妈妈却一口否决了他的一切想法，让他心里很郁闷。在沐心老师的引导下，我们把自己当成了真正的家庭教育指导师，耐心倾听，倾心交谈，细心地讲解，帮一个个学生解开了心结。

平时，爸爸妈妈喜欢把我们当成风筝，让我们高飞，可又始终拽着手中的那根线绳。我们却更喜欢当只小鸟，渴望飞翔，渴望自由，家是我们温馨的巢穴，可我们也喜欢翱翔在辽阔的天空。家庭教育指导师，能够帮助我们更好地与家长沟通。一个亲切的拥抱，一个浅浅的微笑，一个小小的肯定，都能让我们感受到来自爸爸妈妈的爱，让我们充满活力。

通过今天的参观体验，我对家庭教育指导师这个新职业有了一定的了解，更体会到了这个工作的意义所在，这次参观体验让我们每个人都收获满满。最后，我们呼吁，让我们相互关爱，互相理解，创造完美和谐的家庭生活。

（江欣阳 / 文　指导老师 / 杨洁）

 ## 指导教师说

家庭教育是一个世界性的课题，有 80% 的家庭存在着不同程度的亲子情感与行为的困惑问题，严重影响着孩子成长、家庭幸福与社会稳定。为什么我们的孩子决定以"家庭教育指导师"作为他们实践探究的职业？他们说：这个职业非常贴近他们的生活。随着年龄的增长，他们迫切希望可以尽快建立起与父母长辈平等、和谐、友好的相处模式。走近家庭教育指导师这个职业，对话专业人员，让他们明白了，一个家庭需要家庭成员共同经营维护。而这种维护，不仅仅靠血缘、亲情维系，有时还需依赖专业知识、方法的指导。体验过程中，他们都被温柔的、善解人意的沐心老师所吸引，同伴之间的模拟对话，更让他们感受到矛盾之所以出现，很多时候是受到了情绪的控制，心平气和地沟通，也许比大吵一架更有助于矛盾的化解。

班级中的孩子，正处于青春期萌芽阶段，个性逐渐显现，与父母的关系也会因为一些小事而剑拔弩张。有时家长不知道如何沟通、教育，亲子关系就会变得愈加紧张，从而引发一系列问题，如孩子的学习问题、夫妻

成员与沐心老师进行对话交流（陆泽浩／图）

关系、亲子关系等等。家庭教育指导师，不仅可以帮助宣传家庭教育法规及家庭教育理念，也可以协助家长履行家庭教育义务，帮助家庭制订教育计划等。如果遇到教育难题，也可以直接介入干预，指导家庭成员进行调解，为前来求助的家长进行咨询，提供改进方案的建议。而对于优良家风的宣传与传承，家庭教育指导师也同样担负着责任和义务。

其实，要成为一名家庭教育指导师，光有爱心耐心是不够的。丰富的知识储备是为广大人群提供帮助的基础，也更需要自身的不断学习、不断积累、不断实践，才能在这个日新月异的社会中立足。希望我们的孩子，都能在一个温暖有爱的家庭中成长，长大后也能尽自己的力量帮助有需要的家庭和孩子。

成员正在体验馆里模拟家庭教育指导师开展访谈工作（陆泽浩／图）

健康照护师

职业编码：4-14-01-03

职业定义

　　运用基本医学护理知识与技能，从事家庭、医院、社区及长期护理服务机构等场所照护对象的健康照护及生活照料服务的人员。

主要工作任务

　　1. 观察发现照护对象的常见健康问题及疾病（危急）症状，提出相应预防、康复及照护措施，或提出送医建议；

　　2. 观察发现照护对象的常见心理问题，提供简单心理疏导及支持性照护措施；

　　3. 照护老年人生活起居、清洁卫生、睡眠、日常活动，提供合理饮食及适宜活动指导，提供预防意外伤害安全照护，为临终老人提供安宁疗护措施；

　　4. 照护孕产妇生活起居，根据个性化营养、运动健康生活照护，辅助母乳喂养及产后康复；

　　5. 照护婴幼儿生活起居与活动，提供喂养、排泄、洗浴、抚触、睡眠、生长发育促进及心理健康照护措施；

　　6. 照护病患或生活不能自理人员生活起居、清洁卫生、日常活动，提供合理饮食及适宜活动，按医嘱督促、协助照护对象按时服药、治疗；

　　7. 提供照护对象家庭生活环境、营养膳食及健康指导。

来源：《中华人民共和国职业分类大典（2022年版）》

职业畅想

你的样子
如一场春雨
轻柔而绵长
温润了我们的心
你的样子
似一池夏花
热烈而奔放
绽放了我们的笑

你的样子
若一弯秋月
洁净而安详
驱散了我们的焦虑
你的样子
像一轮冬阳
温暖而舒适
安抚了我们的心灵

你的样子

为了我们
你无私无畏、任劳任怨
用你的专业知识、魔术双手
驱逐病痛，送上健康
致敬
平凡而伟大的健康照护师
你的样子
就是人间最美！

作者：孙一涵   班级：308班
学校：杭州市钱塘区文清小学   指导老师：申亚辉

身边探究

在你的日常生活中，哪些你看到或用过的东西，或参与过的事情，与健康照护师有关，在你的想象中他们应该会做什么？

分享者喻琛雅： 我身边的好多好朋友都有弟弟妹妹了，我想有些家里父母都比较忙，而且没有爷爷奶奶外公外婆一起帮忙带，这个时候应该就需要一个保姆了吧，而且这个保姆最好是比较全能的，既能带弟弟妹妹，又能做基本的家务，最好还能辅导我学习。

分享者曹竞子： 我有个亲戚，他是个老爷爷，因为偏瘫卧病在床很久了，在他的家里，就有一个护工阿姨专门照顾他。在我看来，那个阿姨除了得负责他的生活起居、日常服药外，最好每天还能协助他不定时地做康复理疗。

 ## 未来的我

如果 20 年后你成为一名健康照护师，你会为这个世界做什么？

分享者孙一涵： 如果我长大后成为一名健康照护师，我会把大数据和健康结合起来，开发出适合老人使用的 App，让更多孤寡老人足不出户就能享受到便捷、周到的服务，使更多住在乡村的老人也能安享幸福的晚年。

分享者刘佳妮： 长大后如果我成为一名健康照护师，我会掌握尽可能多的育儿知识，争取能成为宝妈的好帮手，让她们能放心地工作，能安心地生二胎、三胎。

职场访谈

职业体验者：杭州市钱塘区文清小学 308 班　孙一涵
职业体验导师：杭州市钱塘区白杨街道养老服务中心工作人员　张英
访谈地点：白杨街道养老服务中心

孙一涵：张老师好，请问您是怎么成为一名健康照护师的呢？

张英：高中毕业时，我感觉养老行业的就业机会挺多的，而且学这方面技能的人相对较少，于是在大学期间，我系统地学习了康复、心理、社工、护理等相关课程，毕业后就来到现在的养老驿站工作。

孙一涵：请您介绍一下，在这个工作岗位上，每天都要做些什么。

张英：以我为例，我现在所在的驿站承接最多的业务之一就是老人助浴，服务的大都是空巢老人。其他诸如康复按摩、修脚理发、清洁打扫等，都是采取子女网上下单的形式，安排健康师上门服务。

服务中心的健康照护师正在给病人提康复建议（孙一涵 / 提供）

孙一涵： 健康照护师可提供的服务可真多啊！那么他和我们平时经常能看到的保姆、护士有什么不同呢？

张英： 健康照护师同时具备基本医学护理知识和生活照料技能，能及时发现照护对象的健康问题，并提出康复建议。能为住院病人提供心理疏导、生活照料以及营养合理的餐食，从而使病人康复速度大大加快。可以这么说吧，是护士、护工、保姆的结合体。

孙一涵： 健康照护师的工作可真是太重要了！如果我将来也想成为一名健康照护师，那么我需要做什么准备呢？

张英： 首先，你得掌握基本的医学护理知识及生活照料技能；其次，你也得懂一些心理学方面的知识，还得掌握营养学方面的初级知识；最后，如果照护对象是孕妇或者婴儿，还得掌握孕婴相关方面的知识。同时，你得有很强的学习能力，因为客户的需要会越来越多元化。

孙一涵： 您认为这项工作在未来还会有哪些发展呢？

张英： 健康照护师属于新兴职业，由于现在人口老龄化严重，国家实施优化生育政策，我们这个职业的出现可以解决我国"一老一少"的健康照护问题，是满足社会服务需求和人民对美好生活向往的重要举措，因此我觉得这个行业具有广阔的发展空间，而且社会地位也会逐步提高。

孙一涵： 在这个行业中，你们是怎么实现自我成长的呢？

张英： 我们这个行业需要时间的沉淀，相关知识的学习也需要时间的积累，从最基础的岗位做起，试着向金牌照护师努力，到后来也可以兼职成为培训讲师，总之，只要你去努力奋斗，你的未来就会有无限可能。

孙一涵： 您认为，性别、年龄、学历等对该行业的影响大吗？

张英： 相对来说，上述这些方面对我们行业的影响比较小，只要你努力去学习，努力去干，你就能得到提升的空间与机会。

孙一涵： 在工作中，您最喜欢什么或者最不喜欢什么呢？

社区康复理疗中心里齐全的设备（孙一涵／提供）

张英：我们属于服务行业，我最喜欢的当然是得到顾客的认同。我的努力照护让老人的晚年生活更加健康快乐，让老人的孩子更加放心，从而能为社会做更多贡献，总之，我所付出的努力得到认可就会让我很开心。至于不喜欢嘛，如果非要说，那就是顾客不信任我，处处都防着我，让我比较郁闷，哈哈。

孙一涵：您能讲一下您从事这项工作发生的最遗憾的事情吗？

张英：其实我比较亏欠我的孩子和父母，我在照顾其他老人和小孩的同时，其实我的家人也是需要照顾的。我错过了孩子的成长，但没办法，鱼和熊掌不能皆得，希望我能靠着自己的努力早日消除心中的遗憾。

孙一涵：对于一个即将从事该行业的新人，您愿意提出特别的建议吗？

张英：要沉下心来，努力提升自己的内功，涉猎各方面相关的知识，健康照护的市场会越来越大。但同时客户的要求也会越来越高，需求也会越来越多元化，你只有多实践、多倾听、多思考、多学习，才能在这个行业中立于不败之地。做好自己，静待花开吧！

 ## 体验分享

我眼中的"健康照护师"

结束了对张老师的访谈，我感慨良多。在来之前，我想不到看起来很普通的健康照护师竟然需要掌握这么多知识，我也想不到一向被我们忽视的健康照护师竟然在我们的生活中起到这么重要的作用，他们就像家人一样，守护着我们，给我们带来温暖。

刚刚过去的12月份注定会给我们留下难以磨灭的记忆。因为新冠疫情，我们在12月中旬就开始迎来了史上最长的寒假，我们也见识了新冠病毒那难以想象的传播力度，同时我们大多数人都经历了从"杨过"到"杨康"的过程。通过报道，我也了解到新冠病毒对小孩还算友好，但对于年纪大的老人就太不友好了，他们所受的痛苦和折磨就要多得多。想到这里，我觉得如果有一批具有专业护理和照护技能的健康照护师去和医护人员"双剑合璧"，那效果一定会好得多。所以，这也从另一方面印证了我刚采访过的那个群体，他们虽然看起来是那么普通，但在当下又是多么不可或缺。

"世上无难事，只怕有心人。"要想成为一名优秀的健康照护师，不仅需要从业人员具备足够的细心、耐心，也需要具备终身学习的理念，不断地汲取新知识，增长新技能，来适应人们不断变化的需求。通过跟张老师面对面的访谈，我看到了她的努力与奋斗，也看到了她的遗憾与辛酸。我希望她能通过自己的奋斗让人生越来越精彩，我也希望他们这个行业从业人员共同的努力，能让辛苦了一辈子的老人们生活得更加幸福，能让祖国的花朵更加健康、茁壮地成长，能让祖国的中流砥柱们全身心地投入到建设祖国中去，这样我们伟大的中国梦就会尽早实现。

行业没有高低贵贱之分，每个行业都有其存在的价值和意义。只要你肯学习，肯钻研，肯奋斗，在自己的岗位上做出了不平凡的贡献，那么你的人生就算成功了，这应该就是我这次访谈最大的收获了。

作为一名三年级的小学生，我也在不断地反思，学习的道路上没有捷径，只有不断克服困难，勇敢前行才能到达成功的彼岸。"长风破浪会有时，直挂云帆济沧海。"趁着这大好时光，我要不断学习，多阅读，增长见识，开阔视野，让自己变得更加强大，不负青春，不负韶华。

致敬，平凡而伟大的健康照护师！在这个凛冽的寒冬里，你们的样子，就是人间最美的风景！让我们一起等待春暖花开！

（孙一涵 / 文　指导教师 / 申亚辉）

指导教师说

在我国，健康照护师这个职业才刚刚起步。2020 年 2 月，健康照护师作为新职业正式被纳入我国职业分类大典。这一"新萌芽职业"快速发展的背后，既源于巨大的市场需求，也折射了相关产业结构的优化升级。在人口老龄化和优化生育政策的大背景下，为了解决我国"一老一少"的健康照护问题，健康照护师这一新职业应运而生，它是满足人们对于美好生活向往的重要举措。

小作者体验的是健康照护师，这个职业离她很近，因为她或者她的家人也许就享受过健康照护师带来的服务。但这个职业离她也很远，因为随着时代的发展，人们赋予健康照护师的期待会越来越高，而这有可能超过了小作者现在的认知。通过职业体验，小作者认识到健康照护师不只是一个服务行业，更需要从业者掌握各项专业知识，而且随着市场需求的变化，需要不断提升自己的技能，具备终身学习的观念。

随着二孩、三孩政策的陆续出台，健康照护师的需求量会越来越大，相应的职业竞争也会越来越大，需要掌握的技能也会越来越多，在不久的将来，成为一名健康照护师也不是一件很"丢脸"的事情。在平时的教育教学中，我们就要逐步培养学生劳动意识、独立自主的能力，不怕苦不怕累，敢于钻研，有吃苦耐劳、不断进取的精神。从现在开始，我们就要让孩子学着去照顾他人，学好各门课程，掌握尽可能多的知识，树立正确的价值观和人生观，为将来能成为合格的健康照护师乃至合格的社会主义事业建设者做准备。

后记

　　文海新职业体验教育实践研究，被列入浙江省教育科学研究院 2022 年立项课题。该课题是由杭州市文海教育集团总校长何家璧全面主持，副总校长刘芳赟统筹谋划，各校区校长、分管副校长、德育处主任牵头布置落实，各班主任与全体学生共同参与的课题研究网络。

　　此书编写历时六个多月，感谢张鑫凤、郭莹莹、邓华、刘松、郑宏超、倪李松、吴斌、马环、魏青青、林婕、王飞军、汪志华等领导的重视，感谢龙飞、袁志斌、袁小燕、陶佳明等德育处主任以及郑月瑛、万星星、李玉兰、吴亚平、陈锡冰、于雪妍、鲁萌、韩珊珊、韩丽、董翠香、张媛、吕书影、高含笑、杨洁、申亚辉、鲍灵美、陈冠、金吴芬、李小军、刘菲等指导老师的大力支持，感谢龚静主任、于雪妍老师对所有文字稿进行了校对。

　　在学生职业体验活动过程中，三花、九阳、康师傅、可口可乐、顾家、京东、浙江正泰等单位，浙江工商大学、浙江财经大学、杭州电子科技大学、浙江理工大学、中国计量大学、杭州师范大学、浙江传媒学院、浙江金融职业学院、浙江水利水电学院、浙江经贸职业技术学院、杭州职业技术学院、浙江经济职业学院、浙江育英职业技术学院、浙江警官职业学院等高校为学生体验提供了实习场所，相关职业导师、专家热情接待、精心组织，让孩子们得到充分体验，为活动提供了保障。

　　在此书编写过程中，有幸得到中国职业技术教育学会副会长、人力资源和社会保障部中国就业培训技术指导中心原党委书记陈李翔教授精心指

导，并为此书作序，深表感谢。

在这一活动研究与成果编辑过程中，浙江大学教授刘力、著名作家周华诚多次指导开展新职业体验视角选择、成果收集归类。杭州市钱塘区教育局局长、原杭州市文海教育集团总校长钱晓华，钱塘区教育局副局长、原杭州市文海教育集团总校长金加喜，团中央中国青年创业导师、浙江财经大学教授陈松，浙江省教育科学研究院老师麻来军，杭州市就业管理服务中心处长肖春华，杭州市教育科学研究院老师黄津成等省市区各级领导、专家都给予了精心指导。浙江工商大学出版社承担了本书的编辑出版工作，在编写方面给予了全方位的协助。还有许许多多为学校开展新职业体验活动提供过帮助，对课题研究进行过指导，为本书出版默默奉献的人员，在此，一并表示衷心的感谢！

何家璧　刘芳赟

2023 年 4 月于杭州